কবিতার কুসুম কলি

আর সি গুড়িয়া

BlueRose ONE .com
Stories Matter
NewDelhi • London

BLUEROSE PUBLISHERS
India | U.K.

Copyright © R C Guria 2023

All rights reserved by author. No part of this publication may be reproduced, stored in a retrieval system or transmitted in any form or by any means, electronic, mechanical, photocopying, recording or otherwise, without the prior permission of the author. Although every precaution has been taken to verify the accuracy of the information contained herein, the publisher assume no responsibility for any errors or omissions. No liability is assumed for damages that may result from the use of information contained within.

BlueRose Publishers takes no responsibility for any damages, losses, or liabilities that may arise from the use or misuse of the information, products, or services provided in this publication.

For permissions requests or inquiries regarding this publication, please contact:

BLUEROSE PUBLISHERS
www.BlueRoseONE.com
info@bluerosepublishers.com
+91 8882 898 898
+4407342408967

ISBN: 978-93-5819-895-9

Cover design: Tahira
Typesetting: Tanya Raj Upadhyay

First Edition: December 2023

CA. R C Guria, FCA, FIII, M. Com

কবিতার কুসুম কলি

নিবেদনে

রতন চন্দ্র গুড়িয়া

অবতরণিকা

আমার বন্ধু শ্রী রতন চন্দ্র গুড়িয়া তার উৎকর্ষ লেখনীর মাধ্যমে আমাদের প্রিয় লেখকদের মধ্যে একজন হয়ে উঠেছেন। বাংলা ও ইংরেজি দুই ভাষাতেই তিনি মুন্সিয়ানা দেখিয়েছেন। একদিকে চাকরি জীবনে professional বিষয়ের উপর অনেক বই লিখেছেন তেমনি আধ্বাত্মীক ও গবেষণামূলক সাহিত্য সৃষ্টিতেও সমান পারদর্শীতা দেখিয়েছেন।

চাকরি জীবনে তিনি যে সকল professional বিষয়ে বই লিখেছেন, তার মধ্যে উল্লেখযোগ্য বইগুলো হল i) General Insurance Accounts & Investment, ii) Management Accounting, iii) Asset Management, iv) Insurance Underwriting v) Fraud Risk Management in Insurance vi) Practical Approach to General Insurance Management, vii) Practical Approach to General Insurance Underwriting, viii) Financial Management & Insurance Accounting during his service in the Government sectors. ix) Insurance Bank & Other Allied Financial Service Sector Reforms।

এছাড়া তিনি আধ্যাতিক ও দর্শনের উপর চারটি বই লিখেছেন যেমন; ১) 'Rebirth –Ancient Philosophies & Modern Science' ২) "In search of Truth and Salvation", ৩) মহান বিপ্লবী ও মুক্তি সাধক ঋষি অরবিন্দ, ৪) আদি শঙ্করাচার্য অলৌকিক জীবনলীলা ও দর্শন (অদ্বৈতবাদ দর্শনের সহজ পাঠ)

'কবিতার কুসুম কুঁড়ি' এই বইটি তার স্বরচিত কবিতা সংকলন। আমার দৃঢ় বিশ্বাস এই বইটি আগের বইগুলোর মতোই পাঠকদের কাছে সমাদৃত হবে। আমার বিশ্বাস সুধী পাঠকবৃন্দ এই কবিতার বইটি পড়ে যথেষ্ট আনন্দ উপভোগ করবেন। বইটির সাফল্যের জন্য আমার ঐকান্তিক শুভেচ্ছা রইল।

ধন্যবাদান্তে

সি এ দেবাশিস ভট্টাচার্য, এফ সি এ

কলকাতা; ১৭ই অক্টোবর, ২০২৩

অবতরণিকা

আমি পেশাগত ভাবে একজন রসকষহীন হিসাব রক্ষক বা পরীক্ষক। আমার গদ্যময় জীবনে কবিতা খুব একটা আলোড়ন তোলেনি। কারন, জীবনের সিংহভাগটা কেটেছে দেনা পাওনা এবং লেনদেনের দড়িপাল্লায়। তবে এটা ঠিক যে বাল্যকালে, ছোটবেলায় কবিতার প্রতি আকর্ষণ বা ভালবাসা ছিল না তা নয়, বরং আমাকে বেশ টানত বিখ্যাত কবিকুলের সৃজনশীলতার কলতান; মনের মধ্যে যথেষ্ট প্রভাবও পড়ত। প্রতি বৎসরান্তে আমার মন কিসের হাতছানিতে ব্যকুল হত প্রথম প্রথম বুঝতাম না। কিন্তু পরে ২৫শে বৈশাখের মাহাত্ম্য বোঝার পর আমার মনবীণার তারগুলো অজান্তেই রিনিঝিনি সুরে বাজতে লাগল।

এবার আসি আমার বিশেষ বন্ধু CA রতন চন্দ্র গুড়িয়ার কবিতার বইটিতে। তাঁর কবিতার বইটির নাম 'কবিতার কুসুম কুঁড়ি' আমাকে বিশেষভাবে আকর্ষণ করেছে। বলতে দ্বিধা নেই যে আমার শারীরিক কারণে আমি তাঁর কবিতাগুলি পড়তে পারিনি, তবুও এই সম্পর্কে দুচার কথা বলার ধৃষ্টতা প্রদর্শনের জন্য সুধীজনের কাছে আমি একান্তই ক্ষমা প্রার্থী।

এ গ্রন্থের কবি শ্রীমান রতন চন্দ্র গুড়িয়া আমার পরিচিত একজন শিক্ষাবিদ, সফল কার্য-নির্বাহক, অনেক বই এর রচয়িতা যেগুলি নিজগুনে বিদগ্ধজনের কাছে বহু সমাদৃত। এহেন ব্যক্তি যখন কবিতার ডালি সাজিয়ে আশ্বিন পেরিয়ে কার্ত্তিকে মা জগজ্জন্নীর চরণে প্রণতি সহকারে নিবেদন করেছেন, তার গুনাগুন বিচার করা বা যাচাই করা আর যারহোক অন্তত আমার পক্ষে সম্ভব নয়। তবুও পরিশেষে বলি তাঁর আগের প্রকাশনগুলির মাপকাঠির বিচারে তাঁর কবিতার কুসুম কুঁড়ি শুধু প্রস্ফুটিত হওয়ার অপেক্ষায়।

একান্ত সুভেচ্ছায়

সি এ শ্রী প্রদীপ্ত রায়।

কবির প্রতিবেদন

কবিতা বা কাব্যের মাধ্যমে জীবনের বিভিন্ন বিষয়ে কবির আবেগ, অনুভূতি, অনুরাগ, ধ্যান ধারনা, সাহিত্য-সাধনা, ও সৃজনশীলতা প্রকাশ পায়। রবীন্দ্রনাথ, মাইকেল মধুসূদন দত্ত, কাজী নজরুল, জীবনানন্দ দাসের ন্যায় বাঙলার বিখ্যাত কবিগণের সৃজনশীলতা, সাহিত্য-শিল্প, দার্শনিক ধারণা, সাহিত্য সংস্কৃতি সারা বিশ্বে সমাদৃত। ঐসকল বিশ্ব বিখ্যাত কবির কবিতা পড়ে ছোটবেলায় আমি এতটাই অনুপ্রাণিত হতাম যে ছোটবেলায় আমি প্রায় স্বপ্ন দেখতাম আমিও বড় হয়ে কিছু কবিতা লিখব, নিজে আনন্দ পাব আর অন্যদেরকেও কিছুটা আনন্দ দেব। বুড়ো বয়সে আমার ছোট বেলার স্বপ্ন পুরন করতে কিছু কবিতা লিখে প্রকাশ করার দুঃসাহসিকতা দেখালাম। তবে এখানে যে সকল মহাকবির নাম উল্লেখ করা হল, তাদের কবিতার সাহিত্য-শিল্পের কাছে আমার এই বইটির কবিতাগুলি কিছুই নয় বললেই চলে। তাঁরা যদি সাহিত্য সৃষ্টিতে সমুদ্র হয়ে থাকেন, আমি এক ঘটি জলও হয়তো নয়। এটি আমার কবিতা লেখার প্রথম প্রয়াস; বলা ভাল দুঃসাহসিক প্রয়াস।

এই কবিতার বইটিতে পুরান রহস্য ও কাহিনী, আধ্যাত্মিকতা, সমাজ ব্যবস্থা, মানুষের প্রেম, ভালবাসা, ত্যাগ, অনুরাগের উপর কবির ব্যক্তিগত আবেগ, অনুভুতি, উপলব্ধি ও চিন্তাধারা প্রকাশ পেয়েছে। আমি এপর্যন্ত বিভিন্ন বিষয়ের উপর প্রায় চৌদ্দটি বই লিখেছি, কিন্তু এটা হল আমার প্রথম কবিতার বই। উল্লেখ্য আমার চৌদ্দটি বই-এর মধ্যে, চারটি বই দর্শনের উপর লেখা হয়েছে। এই বইটিতে প্রায় সাতচল্লিশটি কবিতা রয়েছে যেগুলি প্রধানত দর্শন,আধ্যাত্মিকতা, পুরান কথা, বর্তমান সমাজ ব্যবস্থা ও জীবনের প্রেম ভালবাসার মত গুরুত্বপূর্ণ বিষয়গুলি তুলে ধরা হয়েছে। বইটিতে বাহান্নটি কবিতার মধ্যে ছিচল্লিশটি কবিতা আমার নিজের লেখা, বাকী ছয়টি কবিতা আমার প্রিয়জনদের লেখা। তাদের কবিতা গুলি দুটি কারনে এখানে স্থান পেয়েছে- প্রথমত আমার শরীর হঠাৎ খারাপ হয়ে যাওয়াতে আমার নিজস্ব অনেক অসমাপ্ত বলে প্রকাশ পেল না ; দ্বিতীয়ত অন্যদেরকে সাহিত্য সৃষ্টিতে অনুপ্রানিত করা হল।

এই বইটিতে সমাজের অবহেলিত, অত্যাচারিত, শোষিত মানুষদের সুখ দুঃখ, আশা-আকাঙ্ক্ষা, নির্যাতন শোষণ ও সমস্যার কিছু কথা সহজ সরল ভাষায় তুলে ধরা হয়েছে। অনেকে হয়ত প্রশ্ন করবেন আজকাল মানুষ

গুনগত মানের উপর সবকিছু বিচার করে। রবীন্দ্রনাথ, মাইকেল মধুসূদন, জীবনানন্দ, কাজী নজরুল ইসলামের মত বিশ্বধন্য কবিদের কবিতা বা কাব্য পড়তে যেখানে মানুষ সময় পায় না, সেখানে এই নূতন অনভিজ্ঞ কবির সাহিত্যরসহীন কবিতা পড়তে কেন মানুষ সময় বা পয়সা নষ্ট করবে। সেই সকল পাঠকদের কাছে আমার প্রতিবেদন-এই বইটি বিক্রি করে অর্থ উপার্জন করা আমার অভিপ্রায় নয়। শুভানুধ্যায়ী ও উৎসাহী পাঠক যদি এই বইটি কবির থেকে বিনামুল্যে সংগ্রহ করে পড়েন এবং লিখিত বা মৌখিক ভাবে বইটি সম্পর্কে তাঁদের মূল্যায়ন জানান, কবি সেই সকল পাঠকদের কাছে চির-কৃতজ্ঞ হয়ে থাকবে।

এর আগে আমি বিভিন্ন প্রফেশনাল ইন্সিটিউটের জন্য প্রফেশনাল বিষয়ের উপর দশটি বই লিখেছি যেগুলি ঐ ইন্সিটিউটে পাঠ্য পুস্তক হিসেবে বিবেচিত হয়েছে। এছাড়া প্রফেশনাল বিষয়ের উপর প্রায় ৭০টি প্রবন্ধ লিখেছি। এই জীবন চলার পথে অনেকেই অনেক রকম পরিস্থিতির মধ্যে দিয়ে যায়। কেউ সুখী আবার কেউ বা দুঃখী হয়। কেউ থাকে সম্পদে আবার অনেক জীবনে অনেক বিপদের সম্মুখীন হয়। ফলে তাদের জীবন ভীষণ দুঃখ কষ্টে অতিবাহিত হয়। তাদের দুঃখ ও হতাশায় সমবেদনা জানানোর জন্যে কিছু কবিতা লেখার ধৃষ্টতা প্রদর্শন করতে গিয়ে যদি আমি কিছু ভুল করে থাকি, পাঠকরা যদি লিখিত ভাবে জানান আমি বাধিত হব। কাউকে কষ্ট বা দুঃখ দেওয়া আমার কবিতা লেখার উদ্দেশ্য নয়; সকলের দুঃখে সমবেদনা জানানো এবং সকলকে ভালবাসা জ্ঞাপন করাই আমার লেখার প্রধান লক্ষ্য।

"If you turn your back to the society, the society also turns it back to you". এই বিখ্যাত সমাজ দর্শনটিকে মাথায় রেখে আমি সমাজের কিছু বিশেষ সমস্যা তুলে ধরেছি কবিতার মধ্যে। এই কবিতা গুলি লিখেছি আমি কেবলমাত্র সমাজের প্রতি আমার দায়িত্ব বোধ থেকে। কবিতা লেখা আমার পেশা নয়। ধর্মকথা, সমাজের কথা, মানুষের প্রেমভালবাসার সারকথা তুলে ধরাই আমার কবিতা লেখার প্রধান লক্ষ্য, তাই কবিতার ছন্দের উপর বিশেষ ধ্যান দিতে পারি নি। এই কবিতার বইটিতে আমার নিজস্ব কিছু স্মৃতি রোমন্থন হয়েছে। আপাত দৃষ্টিতে ঐ কবিতাগুলি ব্যক্তিগত দৃষ্টিভঙ্গীতে লেখা বলে মনে হলেও সেখানে জীবনের বিশেষ কয়েকটি আদর্শ যেমন ত্যাগ, কৃচ্ছ্রসাধন, ঈশ্বরভক্তি প্রকাশ পেয়েছে।

এবার আমি আমার বিশেষ দুই বন্ধু সি এ দেবাশিস ভট্টাচার্য ও সি এ প্রদীপ্ত রায়কে আন্তরিক কৃতজ্ঞতা জানাই; তাঁরা আমার কবিতার বইটির জন্য

অবতরণিকা লিখেছেন। বন্ধু দেবাশিস ভট্টাচার্য আমার "বন্ধুত্বের সুবর্ণজয়ন্তী' কবিতাটির গুরুত্ব উপলব্ধি করে সুন্দর একটি কবিতা লিখেছে। তার ঐ কবিতার উৎকর্ষ আমার কবিতাকে ছাড়িয়ে গেছে। আমি বন্ধু দেবাশিস প্রতি ভীষণ কৃতজ্ঞ। আমি বিশেষ ধন্যবাদ জানাই আমার প্রিয় বন্ধু সন্দীপ বোসকে , সে আমার " বন্ধুত্বের সুবর্ণজয়ন্তী' কবিতাটির গুরুত্ব উপলব্ধি করেছে এবং এই বিষয়ে তার পুরনো স্মৃতি রোমন্থ করে সুন্দর একটি সংযোযন পাঠিয়েছে। প্রিয় বন্ধু পরিমলের প্রতিও আমি কৃতজ্ঞ, সে "বন্ধুত্বের সুবর্ণজয়ন্তী' আমার এই কবিতাটির উপর একটি একটা লেখা পাঠিয়েছে। আমার বরিষ্ঠ বন্ধু প্রদীপ্তদা " বন্ধুত্বের সুবর্ণজয়ন্তী' এই বিষয়ে আমার কবিতা লেখার প্রয়াসকে সাধুবাদ জানিয়েছেন।

এরপর আমি ধন্যবাদ জানাই আমার স্ত্রী, দুই মেয়ে স্মিতা ও পারমিতা, ছোট জামাতা জিৎ এবং আমার পৌত্র অক্সতকে। আমার অনুরোধে তারা প্রত্যেকে একটি করে কবিতা লিখেছে। আশা রাখি, পাঠক-পাঠিকা এই কবিতার বইটি পড়ে খুশী হবেন।

ধন্যবাদান্তে

রতন গুড়িয়া

৯০০৭২১৪৭১০ [মোবাইল নং]

সূচীপত্র

পুরান মাহাত্ম্য 1

ভাগবত পুরাণ 3

শিব পুরান ও সৃষ্টি কথা 5

পৃথিবীর জন্মকথা 8

অধ্যায় দুই পুজা, প্রনাম ও বন্দনা 12

ঈশ্বর ও দুঃখ 12

২; পরমগুরু ঈশ্বর বন্দনা 14

৩; শ্রীকৃষ্ণ প্রনাম 16

৪; শিব প্রনাম 18

৫; মা ব্রহ্মময়ী – তোমায় প্রণতি আমার 20

৬; অন্তর্যামী 23

৭; শ্রীরামকৃষ্ণ প্রনাম 25

৮; বীর সন্ন্যাসী স্বামী বিবেকানন্দ 28

৯; বন্ধনমুক্তি 33

১০; গৌতম বুদ্ধ- জীবনী ও বানী 35

১১; গৌতম বুদ্ধের অমৃতবাণী ও উপদেশ 39

গৌতম বুদ্ধের কিছু অমুল্য বাণী 42

১২; ঘন্টাকর্ণ 44

১৩; জীবন সাথী 46

১৪; সমর্পণ 48

তীয় অধ্যায় সমাজ ও দর্শন 50

সোনার বাংলা- তুমি আজ কত দূরে? 50

২; বাঙলার শিক্ষা হয়েছে ধূলিসাৎ 52

৩; স্বাধীনতা তুমি কার?..৫৭

৪; সত্য মিথ্যার সংলাপ ৬১

৫; দেহ ও মনের সংলাপ ৬৪

৬; লোককথা ও ঈশ্বরকথা ৬৮

৭; সমাজ ও সভ্যতা ৭৩

৮; পথিক আমি ৭৮

৯; নারী নির্যাতন ও ভারতীয় সংবিধান...............................৮০

১০ বৃদ্ধাশ্রম ৮৪

১১ সত্যিকারের মানুষ কৈ?..৮৬

চতুর্থ অধ্যায় প্রেম ভালবাসা ৮৮

১; অভিমান ৮৮

২; অচেনা পথ ৯০

৩; অনুরাগ – অনুপ্রেরণা ৯২

৪; অনুরাগ- অবদান ৯৭

৫; অনুরাগ ও অভিমান ১০২

৬; আমি, তুমি ও তিনি ১০৭

৭; কে আপন কে পর ১১১

৮; আমিত্ব ১১৪

৯; ঠাকুরমার ঝুলি ১১৬

১০; তোমরা যা বলো তাই বলো ১১৯

১১; মায়ের দান ১২১

১২; মেয়েদের জীবন যুদ্ধ ১২৩

১৩; মায়ার বন্ধন ১২৮

১৪; বন্ধুত্বের সুবর্ণজয়ন্তী ১৩০

বন্ধুত্বের সুবর্ণজয়ন্তী; বরানগরের দিনগুলো; দেবাশিস ভট্টাচার্য...... ১৩৪

বন্ধুত্বের সুবর্ণজয়ন্তী; পরিমল সরকার ১৩৬

বন্ধুত্বের সুবর্ণজয়ন্তী; সন্দীপ বোস ১৩৮

বন্ধুত্বের সুবর্ণজয়ন্তী CA প্রদীপ্ত রায় 139

অধ্যায় পাঁচ বিবিধ (বিভিন্ন কবির লেখা) 140

১; চুপথাকা; দীপ্তি গুড়িয়া 140

২; নারী ক্ষমতায়ন; স্মিতা (গুড়িয়া) মজুমদার 143

৩; পথ চলা; 146

4. Women in the Society Paromita (Guria) Mandal 148

5. Juvenescence and the Reality 151

বিদায় ও বাসনা 152

মানুষের নূতন পরিচয় 154

পুরান চিরন্তন

পুরান মাহাত্ম্য

পুরাণ প্রাচীন ভারতের ধর্মগ্রন্থ- রয়েছে অনেক পৌরাণিক কাহিনী।
বিশেষ করে দেবদেবী, মুনিঋষি, প্রাচীন রাজা ও সাম্রাজ্যের কাহিনী।
পুরাণ বলে ব্রহ্মাণ্ডের সৃষ্টিতত্ত্ব, মহাপ্রলয়ের ইতিহাস ও ঋষিদের জীবনী।
হিন্দু ধর্মের সাথে রয়েছে পুরাণে বৌদ্ধ ও জৈন ধর্মের অনেক কাহিনী।
অধিকাংশ পুরাণগ্রন্থ বেদব্যাসের রচনা বলে জানি;
কিছু কিছু পুরাণ আবার করেছেন রচনা অন্য অনেক মুনি।

পুরাণ মূলত দেবতা ও অসুরদের নিয়ে রচিত কাহিনী আকারে।
যাতে মানুষ ধর্মকথা নীতি কথা সহজে বুঝতে পারে
বেদ উপনিষদ শ্রেষ্ঠ দর্শন-ঈশ্বর, ব্রহ্ম,সনাতন হিন্দু ধর্মের কথা বলে।
অনেকেই পড়ে না বেদ ও উপনিষদ-এদের রচনা শৈলী কঠিন বলে।
হিন্দু দেবদেবী ও ধর্মের কথা জানতে হলে পুরাণ কাহিনী পড়তে হয়,
পুরাণগ্রন্থ উপাখ্যানমূলক সাহিত্য, তাই তা সহজে বোঝা যায়।

পুরাণ ঈশ্বর, দেবতা, দানব ঋষি, মনুষ্যের কাহিনী নিয়ে রচিত।
পুরাণ কাহিনীগুলি হয়ত হবে না বিশেষ যুক্তি ও বিজ্ঞানসম্মত।
তবে যদি আমরা ভালভাবে করি অনুধাবন।
বুঝতে পারব, পুরান কাহিনীতে রয়েছে গভীর ও গুহ্য দর্শন।
এটাই হল পুরাণের মাহাত্ম্য, যা কাহিনীআকারে হয়েছে বর্ণন।
পুরান পড়ে সাধারণ মানুষ সহজেই বোঝে ঈশ্বর কথা ও গভীর দর্শন।

পুরাণে বিশ্ব-ব্রহ্মাণ্ডের সবকিছুকে ঈশ্বর কথা বা ঈশ্বর জ্ঞান ধরা হয়।
যেমন বায়ু ও আগুন বিজ্ঞানের দৃষ্টিতে জড় পদার্থ হয়।
পুরাণে বায়ুকে পবনদেব আর আগুনকে অগ্নিদেব বলা হয়।
পুরাণকে যুক্তি দিয়ে বিচার না করে, ভক্তি দিয়ে বিচার করতে হয়,
তা না হলে পুরাণ অনুধাবনে ধর্মভাব জাগ্রত নাহি হয়।
এরফলে পুরাণ পঠনের উদ্দেশ্য সাধন নাহি হয়।

যেমন-পুরাণে আছে, রাজা সগরের স্ত্রী বৈদর্ভীর গর্ভে;
ষাট হাজার পুত্রের জন্ম হয়।
কপিল মুনির অভিশাপে সগরের ষাট হাজার পুত্র ভস্ম হয়ে যায়,
বিজ্ঞানের দৃষ্টিতে একই মায়েরগর্ভে ষাট হাজার শিশুর জন্ম সম্ভব নয়।
পুরাণবলে পরবর্তী বংশধর ভগীরথ বংশের ঐ ষাটহাজার পুরুষকে;
উদ্ধার করতে কঠোর তপস্যা করেন গঙ্গাকে নিয়ে আসতে স্বর্গ থেকে।

প্রশ্ন হতে পারে- তপস্যা করে ষাটহাজার মৃত ব্যাক্তিকে কি বাঁচানো যায়!
পণ্ডিতগণ বলেন পুরাণ কাহিনীতে যুক্তিবিচার মুখ্য নয়।
উপাখ্যানে নৈতিক শিক্ষাই মুখ্য হয়।
ভগীরথ সুখ-ঐশ্বর্য বিসর্জন দেন কঠোর তপস্যায়।
এখানে তাঁর যে ত্যাগ-তিতিক্ষার পরিচয় পাওয়া যায়।

কাহিনী দ্বারা মানুষকে ধর্মপথে আনা পুরানের উদ্দেশ্য হয়।
পুরানশাস্ত্রে রয়েছে মহাবিশ্বের আর মহাপ্রলয়য়ের কথা।
আর রয়েছে ব্রহ্মা, বিষ্ণু, মহেশ্বর বহু দেবতাদের গাথা।
হিন্দুশাস্ত্রের প্রাচীন গ্রন্থ সাহিত্য আদি পুরাণ
রয়েছে সেথায় আঠার মহাপুরাণ আর আঠারটি উপপুরাণ।
সমগ্র পুরানে রয়েছে- ব্রহ্ম পুরাণ, পদ্ম পুরাণ, বিষ্ণু পুরাণ, শিব পুরান;
ভাগবত পুরাণ, অগ্নি পুরাণ, বরাহ পুরাণ আরো এগারটি মহাপুরাণ।

ভাগবত পুরাণ

অষ্টাদশ পুরানের মধ্যে ভগবত পুরাণ হল সর্বশ্রেষ্ঠ পুরাণ।
এই পুরানে বিষ্ণু ও তাঁর অবতার কৃষ্ণের প্রতি ভক্তি হয়েছে প্রধান।
জাগতিক বন্ধনমুক্তি, আধ্যাত্মিক জ্ঞান ও বিষ্ণুভক্তির কথা হয়েছে বর্ণিত।
এখানে রয়েছে বিশ্বতত্ত্ব, জ্যোতির্বিদ্যা, রাজবংশ-বৃত্তান্ত।

এই পুরানে অনেক পৌরাণিক কাহিনী আছে
যুদ্ধে দেবতাগন কিভাবে পরাজিত হয়েছিল অশুভ শক্তির কাছে।
যুদ্ধে জয়লাভ করে অসুরগণ কিভাবে শুরু করে পৃথিবী শাসন ।
এরপর বিষ্ণু পৃথিবীতে কৃষ্ণরূপে কখন আবির্ভূত হন।
ভগবান কৃষ্ণ কিভাবে শান্ত হয়ে অসুরদের প্রথমে স্বভাব বোঝেন,
এরপর যুদ্ধে তাদেরকে পরাজিত করে পৃথিবীতে শান্তি ফিরিয়ে আনেন।

ভাগবত পুরাণে কৃষ্ণের অভ্যন্তরীণ ও বহিঃস্থ রূপ বেদের অনুরূপ।
এই পুরাণ বলে বিষ্ণু (নারায়ণ) হলেন পরব্রহ্মরূপ।
তিনি অবতার রূপে অবতীর্ণ হন,রক্ষা করেন বিশ্বকে অশুভ শক্তি থেকে।
অন্যান্য পুরাণের সাথে এটিকে "পঞ্চম বেদ" বলা হয়ে থাকে।

পুরান বলে বিষ্ণুর সৃষ্টি অসংখ্য বিশ্ব জগৎ;
বিষ্ণু রজোগুনে ব্রহ্মারূপে প্রতিটি বিশ্বে করেন সৃষ্টি চোদ্দোটি জগৎ
সত্ত্বগুণ গ্রহণ করে বিষ্ণু করেন সেই জগৎগুলির রক্ষা ও প্রতিপালন।
মহাকল্পের অন্তকালে তমোগুণে রুদ্র রূপে জগৎগুলি ধ্বংসও করেন।

এই পুরানের রচয়িতা ব্যাসদেব; বক্তা হলেন তাঁর পুত্র শুকদেব।
শৃঙ্গি মুনির অভিশাপে পরীক্ষিতের মৃত্যু হবে অচিরে- বলেন শুকদেব
তখন পরীক্ষিত শুনতে চাইলেন ভাগবত পুরান কথা শুকদেবের কাছে।
শুকদেব বোঝান মায়াবাদ, জগৎসৃষ্টি, সমুদ্রমন্থন পুরানে যা আছে।

বোঝালেন পৃথু ও ভরত উপাখ্যান,কপিল মুনির কাহিনী, প্রহ্লাদ উপাখ্যান,
,
চন্দ্র ও সূর্য বংশের বিবরণ, শ্রীকৃষ্ণলীলা, ভবিষ্য রাজাদের বিবরণ।

অগ্নিপুরাণ হিন্দুধর্মের আঠারোটি মহাপুরাণের অন্তর্ভুক্ত।
পুরাণটি শৈব, বৈষ্ণব, শাক্ত ও স্মার্ত ধর্মগ্রন্থের শ্রেণিভুক্ত।
এই পুরাণে সকল সম্প্রদায়ের দর্শন হয়েছে উল্লিখিত।
এছাড়া রয়েছে বিশ্বতত্ত্ব, রাজনীতি, শিক্ষাব্যবস্থা, রাজবংশ-বৃত্তান্ত।

কথিত আছে ঋষি বশিষ্ঠ ব্রহ্মের কথা জানতে চান;
তা জানাতে গিয়ে অগ্নি তাঁর কাছে এই পুরাণটি প্রকাশ করেন।
অগ্নি কর্তৃক প্রথম কথিত হওয়ায় পুরাণটি তাঁরই নামাঙ্কিত হয়।
তথ্য অনুসারে পুরাণটির ১৫,০০০ শ্লোক ৩৮৩টি অধ্যায়ে বিভক্ত হয়।

ব্রহ্মাণ্ডপুরাণ
ব্রহ্মাণ্ডপুরাণ আঠারোটি মহাপুরাণের অন্যতম বলা হয়।
মধ্যযুগীয় সাহিত্যে এই পুরাণটি বায়বীয় পুরাণ নামে উল্লেখ করা হয়।
তথ্য বলে পুরাকালে একটি পুরান গ্রন্থ ছিল অতি বৃহৎ।
ঐ বৃহৎ গ্রন্থ থেকে ব্রহ্মান্ডপুরাণ ও বায়ুপুরাণ হয় রচিত।

রয়েছে সেথায় অন্য পুরানের মত সৃষ্টিতত্ত্ব, যোগ, ধর্মনীতি
রাজাবংশ, প্রকৃতি, নদনদী, বাণিজ্য, সুশাসন, কূটনীতি।
রয়েছে ব্রহ্মাণ্ডের সর্বোচ্চ ঈশ্বরী মহাশক্তির স্তোত্র আর *অধ্যাত্ম রামায়ণ*।
ব্রহ্মাণ্ডপুরাণ পাণ্ডুলিপি বিশ্বকোষের সমান।

অধ্যাত্ম রামায়ণ - দেবতা রামের প্রতি ভক্তি প্রদর্শন
অদ্বৈত বেদান্তের সঙ্গে শাক্তধর্মের হয়েছে মিলন।
অধ্যাত্ম রামায়ণ ৬৫টি অধ্যায় ও ৪,৫০০ শ্লোকে বিভক্ত হয়।
ব্রহ্মা, বিষ্ণু, শিব, দুর্গা গণেশ, সূর্য ও সকল দেবদেবীর স্তুতি করা হয়।

শিব পুরান ও সৃষ্টি কথা

শিবপুরাণ আঠারোটি মহাপুরাণের অন্যতম একটি।
সংস্কৃত ভাষায় লিখিত এই হিন্দু ধর্মগ্রন্থটি।
শিব পুরানে রয়েছে বহু সংহিতা আর অনেক খণ্ড।
সৃষ্টিখণ্ড, সতীখণ্ড, পার্বতীখণ্ড, কুমারখণ্ড, ও যুদ্ধখণ্ড।।
এই পুরাণ মূলত হিন্দু দেবতা শিব ও দেবী পার্বতীকে কেন্দ্র করে রচিত।
সেই সঙ্গে অন্য অনেক দেবদেবীর মাহাত্ম্য রয়েছে বর্ণিত।
শিবপুরাণে ১২টি সংহিতায় এক লক্ষ শ্লোকের রয়েছে বর্ণন।
শিবপুরাণকে সংক্ষেপে বিশ্লেষণ করেন ব্যাসদেব কৃষ্ণদ্বৈপায়ন।

শিবপুরাণে রয়েছে লেখা মহেশ্বর শিবের মাহাত্ম্য কথা।
সেখানে রয়েছে সৃষ্টিতত্ত্ব, পৌরাণিক উপাখ্যান, দেবদেবীর যোগের কথা।
এই পুরানে আছে লেখা নির্গুন শিব সগুন কেমনে হলেন।
সৃষ্টির আগে, স্থিতিকালে বা মহাপ্রলয়কালে তিনি কিভাবে থাকেন।
তিনি কিভাবে ধ্যান মগ্ন থাকেন;প্রসন্ন হলে কিভাবে ফল দান করেন।
ঈশান, ঈশ্বর, সূর্য সংহিতা আরও অনেক সংহিতার রয়েছে বর্ণন।

সষ্টিকথা

একদা দেবর্ষি নারদ পিতা ব্রহ্মার নিকট জেনেছিলেন শিবের বিবরণ;
সেই মত রচিত হয় হিন্দুশাস্ত্রে প্রাচীন গ্রন্থ শিব পুরাণ।
শিবপুরাণ বলে- সষ্টির আদিতে ছিল না ব্রহ্মাণ্ড। ছিলেন শুধু ব্রহ্ম।
সর্বত্র তিনি বিরাজমান– নয় স্থুল, নয় সূক্ষ্ম, নয় শীতল, নয় তপ্ত।
তাঁর না ছিল আদি; না ছিল অন্ত। কিন্তু সর্বত্র পরিব্যাপ্ত ব্রহ্ম।
চারিদিকে শুধুই ছিল জল আর জল, ছিল না কোন স্থল।
জলের উপর ভগবান বিষ্ণু অনন্তশয্যায় যোগনিদ্রায় ছিলেন শায়িত।
তখন তাঁর নাভি থেকে একটি সুন্দর পদ্মের উদ্ভব হল।

বহুদলবিশিষ্ট ঐ পদ্মটি সহস্র সূর্যের প্রভাযুক্ত ছিল।
সেই পদ্মের কোষ থেকেই ব্রহ্মার জন্ম হল।।
ব্রহ্মা দেখেন –ঐ পদ্ম ছাড়া আর কোথাও কিছুই নেই তখন।
ভাবতে লাগলেন –তিনি কে? কোথা থেকে এলেন? কেনই এলেন?
তিনি ভাবতে লাগলেন – তিনি কার পুত্র? কে তাঁকে সৃষ্টি করলেন?
ব্রহ্মা ভাবলেন, পদ্মের উৎস হয়তো তাঁর প্রশ্নের উত্তর দেবেন।
এইভাবে তিনি পদ্মের উৎসস্থল সন্ধানে নিমগ্ন হলেন।
শত বছর ধরে এদিক ওদিক ঘুরলেন।।

পদ্মের উৎস সন্ধানে ব্যর্থ হলেন যখন শত বছর পরে;
করলেন স্থির -যে কোষে তাঁর জন্ম সে কোষেই যাবেন তিনি ফিরে।।
কিন্তু আরও একশো বছর বহু ভ্রমণ করে;
সেই কোষটি এল না তাঁর নজরে।।
শেষে হতাশ হয়ে খোঁজাখুঁজি ছেড়ে রইলেন তিনি বসে।
এমন সময় হঠাৎ দৈববাণী হল, 'ব্রহ্মা, তুমি তপস্যা করো।'
দৈববাণী শুনে ব্রহ্মা বসলেন তপস্যায় তাঁর জন্মের উৎস সন্ধানে।
বারো বছর পর শঙ্খচক্রগদাপদ্ম-ধারী বিষ্ণু তাঁর সামনে এসে দাঁড়ান।

তাঁকে চিনতে না পেরে ব্রহ্মা তাঁর পরিচয় জানতে চান।
বিষ্ণু ঘুরিয়ে উত্তর দেন; 'হে পুত্র, তোমায় সৃষ্টি করেছেন বিষ্ণু ভগবান।'
ব্রহ্মা তখন রেগে বললেন, 'আপনি আমায় পুত্র সম্বোধন করার কে?'
বিষ্ণু হেঁসে বললেন, 'আমি বিষ্ণু। তোমার জন্ম আমারই শরীর থেকে।
ব্রহ্মা তাঁর উত্তরে সন্তুষ্ট না হয়ে ভগবান বিষ্ণুর সঙ্গে যুদ্ধ করতে থাকে।
অবশেষে দুই দেবতা ব্রহ্মা ও বিষ্ণুর যুদ্ধ চলল বহু দিন।
ব্রহ্মা ও বিষ্ণুর যুদ্ধের সময় হঠাৎ এক জ্যোতির্ময় লিঙ্গের আবির্ভাব হয়।
পুরান বলে; সেই লিঙ্গের না আদি বা না অন্ত নাহি হয়।

শিবলিঙ্গের পুরান ব্যাখ্যা;

জ্যোতির্ময় লিঙ্গ হেরি বিষ্ণু বলেন, 'হে ব্রহ্মা, যুদ্ধ থামাও।
একটি তৃতীয় বস্তুর লিঙ্গের আবির্ভাব ঘটেছে ভালো করে তাকাও।
এস অনুসন্ধান করি- জ্যোতির্ময় লিঙ্গটি কী? এর উৎপত্তি কোথায়?
এসো আমরা অনুসন্ধান করি- এর আদি ও অন্ত কোথায়?
তুমি উঠো উপরে রাজহংসের রূপ ধারণ করে
আমি যাচ্ছি নিচের দিকে বরাহের রূপ ধরে ।"
শিব শব্দের একটি অর্থ -তাঁর মধ্যে প্রলয়ের পর বিশ্ব নিদ্রিত হয়ে থাকে;
শিবলিঙ্গ শব্দটিও একই অর্থে বিবেচিত হয়ে থাকে।

মহাপ্রলয় বা বিশ্ব-ধ্বংসের পর যেখানে সকল সৃষ্ট বস্তু বিলীন হয়ে যায়।
জগতের সৃষ্টি, পালন ও ধ্বংস সবই ঈশ্বরের দ্বারা সম্পন্ন হয়।
সেইজন্য শিবলিঙ্গ স্বয়ং ঈশ্বরের প্রতীক রূপে পূজিত হয়।
শিবলিঙ্গের উপরে তিনটি সাদা দাগ থাকে যা শিবের কপালে থাকে।
শিবলিঙ্গের উপরে তিনটি সাদা দাগকে ত্রিপুণ্ড্র বলা হয়ে থাকে।
শিবলিঙ্গ শিবের আদি-অন্তহীন সত্ত্বার প্রতীক যা কখন জনেন্দ্রিয় নয়।
শিবলিঙ্গের তিনটি অংশ-সবার নিচের অংশকে ব্রহ্মা পিঠ বলে।
মাঝখানের অংশ বিষ্ণুপিঠ এবং সবার উপরের অংশকে শিব পিঠ বলে।

পৃথিবীর জন্মকথা

পৃথিবীর জন্মকথা একটি পৌরাণিক কাহিনী
কাহিনীর সত্য মিথ্যা আমি যাচাই করিনি।
পুরান পড়ে যা জেনেছি তা সহজ ভাষায় তুলে ধরি।
এই কাহিনীর সত্য মিথ্যা কেমনে যাচাই করি।

প্রতিটি পৌরাণিক কাহিনী সত্য-মিথ্যার সংমিশ্রণে কিংবদন্তী হয়।
সে বিষয়ে আমাদের মহাকাব্য রামায়ন ও মহাভারত ব্যতিক্রম নয়।
পৌরানিক কাহিনি উপাখ্যানের মাধ্যমে ধর্ম ও ঈশ্বরকথার ব্যাখ্যা দেয়।
পৃথিবীর জন্মকথায় অনেক ধর্ম ও ঈশ্বর তত্ত্ব আছে–এটা মিথ্যা নয়।

পৃথিবীর দেবী পৃথ্বী রাজা পৃথুর কন্যা বিষ্ণু পুরান অনুসারে।
ভাগবত পুরান, হরিবংশ, মানব পুরাণ, বায়ু পুরাণ, অন্য ব্যাখ্যা করে।
মনুস্মৃতি মতে পৃথ্বীকে মেয়ে নয় পৃথুর স্ত্রী হিসেবে গণ্য করা হয়।
যাইহোক পৃথিবী বা পৃথ্বীর সঙ্গে রাজা পৃথুর অতি ঘনিষ্ঠ ধরা হয়।

পৃথিবীর জন্মকথা জানতে গেলে অনেক পুরান গ্রন্থ পড়তে হয়।
পৃথিবীর জন্মকথায় রাজা পৃথুর জন্ম ও কর্মকাণ্ড প্রাধান্য পায়।
মহাভারত, বিষ্ণু পুরাণ, ভাগবত পুরাণে পৃথুকে বিষ্ণু-অবতার বলা হয়।
পৃথুর জন্ম নারী প্রজনন ছাড়াই হয় বলে পুরানে বর্ণীত হয়।

পৃথুর জন্মের পৌরানিক কাহিনী;
পুরাণে রাজা পৃথুর উপাখ্যানটি বিশেষ প্রণিধানযোগ্য।
বহু পুরানে পৃথুর উপাখ্যানের বর্ণন সত্যি উপভোগ্য।
এই কাহিনী সবিস্তারে আমি এখানে লিখব কিভাবে।
কাহিনী লিখলাম সল্প পরিসরে; না হলে এটি কাব্য হয়ে যাবে।

হরিবংশ পুরান বলে, বেণ নামে ছিল এক অত্যাচারী ও ধর্মবিদ্বেষী রাজা।
অত্রি বংশজাত অঙ্গ পুত্র বেনকে ঋষিগণ দিয়েছিল ভয়ঙ্কর সাজা।
ঋষিগণকে ধর্ম-রক্ষার্থে বাধ্য হয়ে অত্যাচারী বেণকে বধ করে থাকেন।
এখানে লিখব সেই কাহিনী কিভাবে ঋষিগণের হাতে বেণ বধ হলেন।

ঋষিগণ বেণের বাম উরু মর্দন করলে নিষীদ নামে এক পুরুষ সৃষ্টি হয়।
সেই কৃষ্ণবর্ণ পুরুষ, নিষীদ থেকেই নিষাদ বংশের সূচনা হয়।
ঋষিগণ বেণের দক্ষিণ বাহু মন্থন করলে পৃথু নামে অগ্নি-পুরুষ জন্মায়।
সুপুত্র পৃথুর জন্মের ফলে বেণ নরক হতে পরিত্রাণ পেয়ে স্বর্গে চলে যায়।

দেবতাগণ পৃথুকে পৃথিবীর রাজা করে প্রজা-রক্ষার ভার দিয়ে দেন।
বেণের রাজত্বকালে পৃথিবী প্রজাদেরকে খাদ্যশস্য হতে বঞ্চিত করেন।
পৃথিবীতে দুর্ভিক্ষ হয়; পৃথু প্রতিশোধ নিতে পৃথিবীকে আক্রমন করেন।
পৃথিবী তখন গো-রূপ ধারণ করে পলায়ন করতে থাকেন।

রাজা পৃথুও ধনুর্বাণ নিয়ে পৃথিবীর পিছনে ধাওয়া করেন।
প্রাণ রক্ষার্থে বাধ্য হয়ে পৃথুর নিকট ধরা দিয়ে পৃথিবী ক্ষমা প্রার্থনা করেন।
প্রজাদের জন্য খাদ্যশস্য করতে পৃথু পৃথিবীকে বলেন।
গো-রূপা পৃথিবী পৃথু কথায় সম্মত হন এবং তাঁকে দোহন করতে বলেন।

রাজা পৃথু পৃথিবীর কথামত তাঁকে ধনুক দিয়ে উৎসারিত করেন।
ফলে পৃথিবী সমতল হয় এবং সাগর পর্বতসমূহ সৃষ্টি হয়।
তিনি স্বায়ম্ভুব মনুকে গো-বৎস কল্পনা করা হয়।
নিজ হাতে গো-রূপা পৃথিবীকে দোহন করা হয়।

এই দোহনের ফলে পৃথিবী শস্য শ্যামলা হয়।
ফলে পৃথুর প্রজাদের অন্ন, বস্ত্র ও ধন-সম্পদ লাভ হয়।

সেই থেকে রাজা পৃথুর নাম অনুসারে জগতের নাম পৃথিবী হয়।
পৃথিবী গো রূপ ধারণ করেছিলেন বলে গো-জাতিকে শ্রদ্ধা করা হয়।

এই কাহিনীটির অন্তর্নিহিত তাৎপর্য এই গাভী দুধ দেয়;
কিন্তু সেজন্য তাকে দোহন করতে হয়।
দোহন ছাড়া দুধ পাওয়া নাহি যায়।
তদ্রুপ পৃথিবীতে শস্য ফলে, সেজন্য তাঁকে চাষ করতে হয়।

যে যেমন পৃথিবীকে চাষ করতে পারে সে তেমন শস্য ফলায়।
তাই লোকে বলে শ্রমবিনা পৃথিবীতে কোন ধন লাভ কখনো নাহি হয়।
হরিবংশ পুরানে বর্ণীত পৃথিবীর জন্মকথা আমাদের এই উপদেশ দেয়।
অন্য পুরানে পৃথিবীর মাহাত্ম্য কছুটা অন্যভাবে ব্যাখ্যায়িত হয়।

এবার বলি কিছু কথা হরিবংশ পুরান বিষয়ে
হরিবংশ বলে হরি অর্থাৎ বিষ্ণুর পরম্পরা নিয়ে।
তথ্য অনুসারে হরিবংশ সংস্কৃত সাহিত্যের একটি বিখ্যাত গ্রন্থ্।
১৬,৩৭৪টি শ্লোক নিয়ে বেদব্যাস কতৃক রচিত এই গ্রন্থ্।

পুরাণে ব্রহ্মাণ্ডের সৃষ্টি এবং কৃষ্ণের জন্ম কাহিনী হরিবংশ রয়েছে।
সূর্য ও চন্দ্রবংশীয় রাজাদের পৌরাণিক কাহিনী বর্ণনা করা হয়েছে।
মহাভারতের বহু ঘটনা হরিবংশে মধ্যে অন্তর্ভুক্ত বলে বলা হয়।
হরিবংশপর্ব, বিষ্ণুপর্ব ও ভবিষ্যপর্ব –তিনটি পর্বে এই পুরান বিভক্ত হয়।

ভাগবত পুরাণ ও বিষ্ণু পুরাণে পৃথু ও পৃথিবীর কাহিনী বর্ণীত হয়।
সেখানে পৃথিবী সম্পর্কে আরও অনেক তথ্য পাওয়া যায়।
বিষ্ণু পুরাণ বলে ধর্মপরায়ণ ধ্রুবের বংশে দুষ্ট রাজা বেণর জন্ম হয়।
বেনার নৈরাজ্যের কারণে পৃথিবীতে দুর্ভিক্ষ হয়।

তাই বেনাকে হত্যা করে ঋষিরা করেন তার দেহ মন্থন।
দেহ মন্থনের ফলে আবির্ভূত হয় তাম্রযুক্ত অন্ধকারময় শিকারী বামন।
সে ছিল বেনার পাপের প্রতীক; স্বভাবে নম্র বলে তার নাম নিষাধা হয়।
বেনার পাপ বামন হয়ে বেরিয়ে গেলে বেনার দেহ পবিত্র হয়।

অত;পর ঋষিরা বেনের দেহ মন্থন করলে পবিত্র পৃথু জন্ম গ্রহণ করেন।
রাজ্যাভিষেকের আগে পৃথুকে স্নান করাতে আসেন দেবতাগণ।
রাজ্যাভিষেকের জন্য নদী ও মহাসাগর নিয়ে আসে জল ও গ্রহরত্ন।
পৃথু বিষ্ণু অবতার; তাঁর দক্ষিণ হস্তে ছিল বিষ্ণু চক্র চিহ্ন।
[উৎস; https://hindudarshon.blogspot.com/2021/12/Maha-Puran.html]

অধ্যায় দুই
পুজা, প্রনাম ও বন্দনা

ঈশ্বর ও দুঃখ

আকাশভরা সূর্য-গ্রহ-তারা, বিশ্বভরা প্রাণ,
পাহাড়-পর্বত- সাগর-এ সব প্রভু তোমারি মহাদান।
মহাবিশ্ব মহাকাশ, মহাকাল এ সবই তোমার মহিমা মহান।
এসবেরই মাঝে রয়েছে আমার আমার অতি ক্ষুদ্র অবস্থান।
মহাকালের কল্লোলে হিল্লোলে জন্ম-মৃত্যুর জোয়ার-ভাঁটায়;
আমি পেয়েছি আমার জীবন সুখ-দুঃখের ঝর্না ধারায়।

প্রিয় আমার, প্রভু আমার, ওহে প্রাণনাথ।
আমি অতি দীন ভ্রমি কেন বিস্ময়ে বল দিননাথ;
তুমি কেন থাকো না সদা আমার প্রানে ও মনে।
ওগো বিশ্বনাথ, জানি তুমি নিয়ত নিরত বিশ্ব-পালনে।
তবু কেন নিজেকে অনাথ ভাবি, তোমাকে সর্বভূতে জেনে।
কেন তোমার প্রতি বিশ্বাস হারাই দুঃখ কষ্ট এলে জীবনে।

দুঃখ-কষ্টের ঘূর্ণিপাকে কেন আমি ভ্রমি অবুঝ হয়ে;
তুমি যে সদা আমার সাথে থাকে, কেন যায় বিশ্বাস হারিয়ে।
আমি তো বুঝি বিশ্ব ব্রহ্মাণ্ড সবকিছু তোমারই সৃষ্ট।
বিশ্ব ব্রহ্মাণ্ডে যা কিছু অনিত্য, সে-ত তোমার মায়ায়তে আবিষ্ট।
তবুও কেন জীবন দুঃখে আমি তোমার প্রতি বিশ্বাস হারাই।
জগতের সকল জীবে রয়েছে তুমি - আমি কেন ভুলে যাই?

প্রিয় আমার, প্রভু আমার ক্ষমা করো এই অভাজনে।
আমি যেন তোমার প্রতি বিশ্বাস না হারাই কোন ক্ষণে।

সংসারের বিষ এখনো আমি কাটাতে পারিনি ভালভাবে।
তাই আমি সুখ দুঃখকে নিতে পারি নি তোমার প্রসাদ ভেবে।
শক্তি দাও প্রভু, "সংসারের দুঃখকে যেন ভয় নাহি পাই।
দুঃখ দাও তাতে খেদ নাই, সকল দুঃখে তোমাকে যেন কাছে পাই।

সুখ যদি আসে তোমাকে ভুলে যাই।
তখন যে তোমাকে ভুলে যাই ।
তাই সুখের থেকে দুঃখ আমি বেশি চাই
যাতে তোমাকে আমি সদা কাছে পাই।
দুখের সময় তোমাকে ডাকব সদা; তোমাকে পেতে চাই।
এর থেকে আমি আর বেশি কিছু নাহি চাই।

দুঃখের আগুনে যদি জ্বলি আমি তোমার অভিলাষে।
তবে তাই হোক প্রভু; শুধু তুমি থাকো আমার পাশে।
জ্বরা মৃত্যু যদি আমায় তোমার কাছে টানে;
তবে তাই হোক প্রভু; আমি তাই চাই মনে প্রানে।
যদি সকলে ছেড়ে চলে যায়; কেউ না থাকে সাথে।
তবে তাই হোক প্রভু; শুধু তুমি থাকো অভাগার সাথে।

দুঃখ যদি না পাবো, দুঃখ আমার ঘুচবে কেমন করে?
সুখ-দুঃখ সবার জীবনে আসে পালা করে।
দুঃখকে জয় করব আমি সর্ব শক্তি দিয়ে।
সংসার বিষ পালাবে তখন আমায় ছেড়ে দিয়ে।
জ্বলতে দেব দুঃখের আগুন, টলব না তার কঠিন ভ্রুকুটিতে।
প্রভু তুমি যদি সদা থাকো এই অভাজনের সাথে।

বুঝেছি আমি - দহন জ্বলে দুখের আগুন ছাই হলে পরে,
আমার সকল দুঃখ নিভবে তখন চির তরে।
জয় করবো মৃত্যু ভয় দুখের আগুনে জ্বলে পুড়ে।
তবুও পারব না থাকতে আমি কোনমতে তোমায় ছেড়ে।

২; পরমগুরু ঈশ্বর বন্দনা

পরমগুরু ঈশ্বরের কৃপায় করেছি লেখনি ধারণ;
কি করে লিখব আমি যদি না করি তাঁর চরণ বন্দন।
গুরু ব্রহ্মা, গুরু বিষ্ণু, গুরুদেব মহেশ্বর;
কৃপা করে আমার জ্ঞান অন্ধকার নাশ কর।

জ্ঞানহীন অবোধ আমি, জানিনা তোমার ভজন, পূজন।
শুধু তোমার চরণে দেহ মন প্রান আমি করি সমর্পণ।
গুরু নিত্য, গুরু সত্য, গুরু ভক্তি, গুরু তত্ত্ব সবার;
গুরু শক্তি, গুরু মুক্তি, গুরু প্রিয়তম আমার।

হে প্রভু, তোমার কৃপায় রয়েছে এই ক্ষুদ্র প্রান আমার;
যায় যাক ক্ষুদ্র প্রান আমার, তবু যেন কভু না ভুলি শ্রীচরণ তোমার।
কৃপা করে দাও প্রভু সামান্য শক্তি আমায়;
তোমার মহিমা আমি যেন বর্ণিতে পারি কবিতায় আমার।

স্থাবর-জঙ্গম, স্থুল-সুক্ষ সর্বব্যাপ্ত তুমি বিশ্বচরাচর
সগুণ নির্গুণ, সাকার নিরাকার তুমি সর্ব লোকাধার।
রূপ-অরূপ পরব্রহ্মরূপ তুমি সর্ব রূপাধার।
হে জগৎকারন, হে প্রিয়, তোমারে শত প্রণতি আমার।

তুমি ব্রহ্মা, তুমি বিষ্ণু, তুমি শিব, তুমি শঙ্করী;
অনাথেরে দাও কিঞ্চিৎ জ্ঞান, বুদ্ধি হও বিঘ্নহারি।
গুরুর চরণ করিয়া শরণ ধরিব আমার কবিতার লেখনি।
গুরুর কৃপায় আমার কবিতার বাসনা পূরণ হইবে-আমি জানি।

নিশ্চিত আমি, সদাই রয়েছে তুমি আমার কর্ণধার
তুমিই আমার জ্ঞান বিদ্যা ও শক্তির আধার।
তোমার আশিসে আমি যেন করি সদা সত্যের অন্বেষণ।
সেই কারনে আমি করেছি লেখনী ধারণ।

ঈশ্বর কৃপা পেলে পরে, ভবদুঃখ ভয় নাহি কভু রয়।
তোমার কৃপা বলে আমি সকল বিঘ্ন সকল দুঃখ করব জয়।
তুমি অনন্ত, তুমি মিত্যমুক্ত, তুমি গুরুর গুর, তুমি সর্বশক্তিমান।
তুমি সর্বজ্ঞ, তুমি পরমকারুণিক, তুমি সচ্চিদানন্দ- প্রেমময় ভগবান।

৩; শ্রীকৃষ্ণ প্রনাম

এসো প্রভু গোপাল কৃষ্ণ আমার অন্তর মাঝার
হে প্রাননাথ, তুমি না আসিলে কিভাবে তরিব জীবন আঁধার।
জাগো হে প্রভু শ্রীকৃষ্ণ জগতের নাথ, শঙ্খচক্রগদাপদ্মধারী,
তুমি না জাগিলে আমার অন্তরে, ডুবিবে নিশ্চয়ই এ জীবন তরী।
গোপাল গোবিন্দ মুকুন্দ মুরারি, শ্রীমাধব হরি, শ্যাম বংশীধারী।
হে দীননাথ, জাগো এ দীনের অন্তরে মোহন মুরলীধারী।

প্রভু আমার প্রিয় আমার, জ্বালাও প্রানে মুক্তির আলো
প্রভু, তুমি আমার জীবন আঁধারে জ্ঞানের আলো জালো।
ভজন পূজন জানি না আমি, সদাই করি তোমায় স্মরণ।
মায়া মোহে আমি অচেতন, জানি না কি করে কাটিবে এ মোহ-বন্ধন।
বিরলে বসিয়া শুধু তোমায় স্মরণ করি আর প্রেমফুলে পুজা করি।
প্রানে দাও গো তোমার চরণ-ধুলি, ভক্তিডোরে বাঁধি তোমায়, ওহে শ্রীহরি।

এস ওহে গোপীনাথ, অনাথের নাথ, তুমি ছাড়া জীবনে কে আছে আমার।
ত্রানকর্তা সবার, বল তুমি ছাড়া কিভাবে ভবনদী হব পারাপার।
ধ্যান জ্ঞানে, নিরঞ্জনে তব সঙ্গ পাই, ওগো বংশীধারী।

কেন আমায় রেখেছ বেঁধে তোমার মায়ার জালে, ওগো সুদর্শনধারী।
ভাই বন্ধু, দারা, পুত্র পরিবার- সকলই তোমার, কেউ নয় তো আমার।
মায়ার বন্ধনে আমি করি-আমার আমার; মায়াজালে থাকব কত আর।

হরে মুরারে মধুকৈটভারে, ওহে নারায়ণ, বিপদ-ভঞ্জন।
এস দয়া করে সদা থাকো আমার হৃদয় মন্দিরে, হে ভগবন।
থাকিবে না কোন ক্লেশ দুঃখ আমার, থাকিব আমি ভক্তিযোগে চির-মগন।
সদানন্দ হয়ে গাহিব সদা তব জয়গান, তবেই টুটিবে আমার ভব-বন্ধন।
বুঝি না আমি তন্ত্র মন্ত্র, শুধু করি নাম অবিরাম আর ধ্যান কিছুক্ষণ।
দাও শ্রদ্ধা, ভক্তি আর চেতন, আমি যেন ধ্যানে তোমায় পাই অনুক্ষণ।

বনমালী আমি, প্রতিদিন ফুল তুলি আর গাঁথি তোমার বনফুলহার।
নীল মাধব তুমি, তোমারে পুজি আর সাজাই দিয়ে সেই ফুলহার।
জ্ঞানহীন আমি, কি দিয়ে পুজিব তোমায়, নাহি জানি পূজা উপাচার
দিনরাত শুধু তোমায় প্রেমভরে ডাকি ওগো প্রানের ঠাকুর আমার।
হে নাথ, নাও পূজা আমার, ফিরিয়ে দিও না আমার পুজা নিবেদন।
মনে হয় বহু জন্মের পুণ্যফলে শরণ নিয়েছি আমি তোমার অভয় চরণ।

৪; শিব প্রনাম

জয় জয় শিব শঙ্কর শশাঙ্ক শেখর।
তুমি যোগী দিগম্বর, ব্রহ্ম পরাৎপর।
ভুজঙ্গভূষণ বৃষভবাহন ত্রিশূলধারন শিব মহেশ্বর।
আদি অন্তহীন ওহে জ্যোতির্ময় করুণা-সাগর।
ব্রহ্মালোকে তুমি ব্রহ্মোশ্বর; গোলকে তুমি হরিহর।
যোগরূপে তুমি যোগেশ্বর; তুমি যোগীশ্বর জগত-ঈশ্বর।

বিষ্ণুবল্লভ, বিশ্বগুরু তুমি ওগো বিশ্বপতি।
লহ তুমি মোর কোটি কোটি প্রণতি।
ছোট থেকে ডেকেছি তোমায় প্রানপতি নামে।
পুজেছি তোমায় ফুল বেলপাতা দিয়ে বাঞ্ছাকল্পতরু নামে।
দীন আমি, প্রানভরে পূজন করি তোমায় দীনেশ নামে।

প্রতিদিন ধ্যান করি তোমার ধ্যানের মন্ত্র বলে;
"ওঁ ধ্যায়েন্নিত্যং মহেশং রজতগিরিনিভং চারুচন্দ্রাবতংসং
রত্নাকল্পোজ্জ্বলাঙ্গং পরশুমৃগবরাভীতিহস্তং প্রসন্নম্।
পদ্মাসীনং সমন্তাৎ স্তুতমমরগণৈর্ব্যাঘ্রকৃত্তিং বসানং

বিশ্বাদ্যং বিশ্ববীজং নিখিলভয়হরং পঞ্চবক্ত্রং ত্রিনেত্রম্"
ওহে দেব পঞ্চানন, ভক্তিভরে তোমার ধ্যান মন্ত্র করি উচ্চারণ।

'ওম নমঃ শিবায়' মন্ত্র জপ করি বারংবার; তোমারে করি নমস্কার।
তব মন্ত্র জপ করে, তোমার ধ্যান করে, দূর করি সকল ক্লেশ ও বিকার।
জানি আমি জানি বিশ্বপতি হয়ে ছাইভস্ম মেখে ছলনা করে;
ভিখারি সাজো তুমি আপনা ভুলিয়ে জীব-হিতকারে।
অনীশ্বর- সকলের প্রভু তুমি, দয়া বিতরণ কর সকল জীবেরে।
নীলকণ্ঠ তুমি জগতের হিতে কণ্ঠেতে গরল ধারণ করে।

ওগো জ্যোতির্ময়, শুদ্ধজ্ঞানময়, দাও শিবত্ব মোরে যোগী দিগম্বর।
প্রনমি শ্রীপদে তোমার, হে অম্বিকানাথ শিবশঙ্কর।
করুণা করে হের অধমজনে, নিয়েছি শরণ তোমার চরণ।
আশুতোষ তুমি, ক্ষমীয়ো অধমেরে, ওহে ত্রিলোকেশ, জগত-কারন।

৫; মা ব্রহ্মময়ী – তোমায় প্রণতি আমার

মা ব্রহ্মময়ী, কালী ভবতারিণী, মা কৃপাময়ী তুমি।
শাক্ত মতে বিশ্বব্রহ্মাণ্ড সৃষ্টির আদি কারণ মা তুমি।
তোমায় করি মাগো কোটি কোটি সহস্র কোটি প্রণতি।
দিয়েছ মোরে জ্ঞান, বিদ্যা, আহার নিদ্রা, তুমি মা বিধাত্রী।
তুমি শ্যামা, তুমি আদ্যাশক্তি, বরাভয়দাত্রী; ত্রিভুবন ধাত্রী।
আছ তুমি মা আকাশে বাতাসে, অনল-অনিলে, বিশ্বভূবনে
তোমাকে ধ্যানে পেতে সদা কাঁদি বসে এক কোনে।

তুমি ত মা-দুর্গা, শিবা কালী-কপালিনী; শোকসন্তাপ মোচনকারিণী।
দুর্গতি নাশিনী মাগো, চৈতন্যদায়িনি, কৈবল্যদায়িনি; দেবী-নারায়নী।
দীনতারিণী, সৃজন-পালন-নিধনকারিণী, ত্রিগুণধারিণী, সত্য স্বরূপিনী।
লহ মোর ভক্তিময় প্রণাম, তুমি মা দুর্গতি-নাশিনী; অন্তর্যামীনী।
আমি জানি নাই কিছু, বুঝি নাই কিছু মা গো, তোমার অপার মহিমা
মা তুমি দাও গো দেখা, ঘুচাও আমার সকল মোহ-কালিমা।

ছোট থেকে তোমায় ডেকেছি, জানিয়েছি তোমায় সকল দুঃখ আমার।
তুমি দিয়েছ আমায় সকল শক্তি সহিতে ঘৃণা অপমান সবার।
ঘোর বিপাকে যখনি পড়েছি রক্ষা করেছ তুমি সকল বিপদ থেকে;
দুঃখ কষ্ট ঘৃণা আর অপমান ধ্বংস করতে পারে নি মোটেই আমাকে।

তুমি অন্তর্যামীনী, সবই জানো- চাইনি আমি কখনো রাজা হতে।
চেয়েছি শুধু একটু মানুষ হতে; মানুষ হয়ে মানুষের পাশে দাঁড়াতে।
বলে দাও মা কি ভাবে পারবো আমি মানবসেবা করতে।

তোমার দয়ায় খাই পরি আর থাকি, আমার খাবার চিন্তা নাই।
আমায় তুমি আগলে রেখেছ; যত বিপদ আসুক না কেন, তরাব নিশ্চয়ই।
মা তুমি আমার দুঃখহারা; আমার নয়ন তারা;
তুমি ছাড়া মা আমি হয়ে যাই একেবারে দিশেহারা।
ষড়রিপুর টানে যখন বিপদ বাড়ে আমার।
করুণা করে তুমি আমায় কর উদ্ধার।

মা তুমি শক্তি, তুমি মুক্তি, তুমি জ্ঞান, তুমি ভক্তি।
তুমি মহাবিদ্যা আদ্যাশক্তি; এই বিশ্ব তোমারি বিভূতি,
তোমার কাছে করি মিনতি- দয়া করে দাও আমায় জ্ঞান ও ভক্তি।
যদি দাও জ্ঞান, বৈরাগ্য ও ভক্তি তবেই হবে আমার বন্ধন-মুক্তি।

স্বার্থ-দ্বন্দ্ব ভোগ লালসা, আর কোলাহল এনেছে সমাজে শুধু হলাহল।
তুমি না আমায় জ্ঞান ভক্তি দিলে সাধ্য নেই আমার এড়াতে এই দাবানল।
মা ব্রহ্মময়ী, তোমার আশিসে এ জীবন যেন ত্যাগের মন্ত্রে দীক্ষিত হয়।
অষ্টসিদ্ধি, নবসিদ্ধি যাহা কিছু হয়; সকলই সিদ্ধ হবে তোমারি কৃপায়।
থাকো মা তুমি আমার হৃদয়-মন্দিরে ছেড়ে যেওনা অন্তকালে আমায়।

মন নাই আর বিষয়-আশয়ে; মন পড়ে আছে তোমার রাঙা চরণ দুটিতে।
সংসার ধর্ম করেছি গো মা পারি না তারে ছেড়ে যেতে।
দাও মা শক্তি, আমি যেন সংসারে সন্ন্যাসী হয়ে পারি থাকতে।
আমার যা কিছু আছে আমি যেন পারি তারে তোমার চরণে সমর্পিতে।
তবেই হবে বন্ধন মুক্তি, তবেই হবে ব্রহ্মের সাথে মিলন আমার।
ওগো মা ব্রহ্মময়ী, তুমি ছাড়া কে আছে এত আপন আমার।

সর্বত্র বহিছে অবিরাম পাপ, অবিচার ও অবক্ষয়ের তুফান।
ভয় হয়, কুরুচি-কুমন্ত্রে যদি হারাই তোমার অভয় চরণ।
বিফলে যাবে তখন আমার এ জীবন, হবে না ভব-বন্ধন মোচন
তাই কুরুচি-কুমন্ত্রী যত আমি দূরে রাখি সাধ্যমত।
কুরুচির মানুষকে এড়াই বলে; কিছুজনের অকথা, কুকথা শুনি কত।

তুমি যোগমায়া, মা সর্বভূতে বিরাজিতা।
তুমি নিত্য নিরাকারা ব্রহ্ম পরাৎপরা; সদা জাগ্রতা।
তুমি সগুণ, নির্গুণ তুমি, তোমার মায়ায় সর্বরূপে রূপাধারী।
তুমি দুর্গা, তুমি লক্ষ্মী, তুমি সরস্বতী, তুমি পার্বতী।
তুমি শ্যাম, তুমি শ্যামা তুমি শিব, তুমি শক্তি।
তুমি বিধাতা, তুমি বিধাত্রি, আমরা অবোধ করি ভেদ-বিভক্তি।

যতই ভুল করি মাগো, অন্তকালে স্থান দিও মা তোমার কোলে।
ছুঁড়ে দিও না আমি মন্দ বলে; আমি যে তোমার অবোধ ছেলে।
শুধু মনে হয় আমার এ জীবন লক্ষ্য-শূন্য হয়ে ছুটিছে গভীর আঁধারে,
জানি না কখন ডুবে যাব আমি কোন এক অকুল-গরল-সাগরে।
সেই ভয়ে আমি কাতর হয়ে ডাকি তোমায় সদা মা মা করে।
তুমি সর্ব বিপদহন্তা, কৃপা দূর করে দাও সকল মত্ত-বাসনা আমার
তুমি স্থান দাও আমায় তোমার শ্রীচরণ তলে; এই শুধু প্রথনা আমার।

৬; অন্তর্যামী

প্রভু আমার প্রিয় আমার, ওগো অন্তর্যামী;
এসছ যখন অন্তরে মম, অন্তরতম তুমি।
কেন কর তবে এত লুকোচুরি খেলা নিত্যনব।।
সুখ দুঃখের নিত্য ধারায় নিয়েছি শরণ চরণ তব।

তোমার নিঠুর পীড়নে দমেনি মোটেই চিত্ত মম;
নমেনি আমার শির দাঁড়া সামান্যতম।
নিয়েছি সকল সুখ দুঃখ, পরাজয় তোমার প্রসাদসম।
আমি যে পেয়েছি সদা সঙ্গ তব; তাই জুড়ায়ে যায় হৃদয় মম।

আপন করে নিয়েছ তুমি এই অভাগারে, হে প্রাননাথ;
তাই লেগেছে কী ভাল সবকিছু তব, হে জীবননাথ।
তুমি আছ সদা অন্তরে মম; তাই ডরিনি ভ্রূকুটি তব।
জানি, আমার সুখ দুঃখ সবই তোমার পরীক্ষা নিত্যনব।

জীবনে যদি পেয়ে থাকি আমি কিছু বরণ বা সম্ভাষণ।
সেত আমার নয়; সবই তোমার নিত্য লীলা-দেখে মোর দুটি নয়ন।
শুধু ভাবি কেমনে সম্পাদিব তোমার কর্ম; গাহিব তোমার গুণগান,
প্রভু, দাও মোরে কেবল জ্ঞান ভক্তি, চাই না আমি ঐশ্বর্য রতন।

তোমার সকল প্রভাত, সকল রাত- সবই ভাল লাগে আমার।
আমার সকল কর্ম, সকল ধর্ম, সকল জ্ঞান, সবই যে তোমার।
শুধু যন্ত্রবত করি তোমারই কাজ, তাই আমার নাই অহংকার।
যাহা বল তাই করি;; প্রভু তুমি রয়েছ সদা হৃদয়ে আমার।

দুঃখ নেই মোর যদি সবাই যায় ছেড়ে আমারে।,
শুধু তুমি যেও না চলে ফেলে মোরে গহন আঁধারে।।
লোভ নাই মোর কোন কিছুতে এ জীবনে;
শুধু ধরিতে চাই তব চরণ দুখানি নিভৃতে যতনে।

দুঃখের সাগরে যদি ভেসে যাই, তাতে খেদ নাই;
শুধু তোমার চরণ দুখানি মোর হৃদে আমি যেন পাই।
মৃত্যু যদি আমায় আনে তোমার অমৃতলোকে-তাই আমি চাই
তোমার পূজার প্রদীপে জ্বলে যেন আমি ছাই হয়ে যাই।

সকল দুঃখে সকল আঘাতে রাখি যেন তব করুণাভরা মোহন মুরতি।
চাহি শুধু রাখিতে তব চরণে সদা মম পরম ভকতি।
সবারে বিলায়ে দিতে চাই আমি তোমার দেওয়া আমার সকল বিত্ত।
শুধু রাখিতে আমি চাই তোমার চরণপদ্মে আমার মুক্ত চিত্ত।

তোমার চরণ কমলপদ্মে সদা যদি থাকে মম মতি।
লভিব তবেই আমি অন্তহীন জন্ম-মৃত্যু চক্র হতে দুর্লভ মুক্তি।
তোমার আশিষে সকল কামনা বাসনা তেজিয়া আমি
যেন চলি সদা জীবন মুক্তির পথে, ওগো মোর অন্তর্যামী।

৭; শ্রীরামকৃষ্ণ প্রনাম

ঠাকুর শ্রী রামকৃষ্ণ নাম, আমার হৃদয়গ্রাহী নাম।
শ্রী রামকৃষ্ণ আমার প্রানের ঠাকুর তোমারে প্রনাম।
আমার নয়নাভিরাম ঠাকুর শ্রী রামকৃষ্ণ নাম।
প্রেম ভরে ভক্তি ভরে সদা ডাকি তব নাম ।

শ্রী রামকৃষ্ণ নাম, শ্রী রামকৃষ্ণ নাম, ডাকি অবিরাম।
সবাই বলে, একই বৃন্তে ফুটিল রাধা-কৃষ্ণ শ্যাম।
যদি ডাকি অবিরাম শ্রী রামকৃষ্ণ মধুর নাম
তোমায় ডাকলে ভব দুঃখে চলে যায়; পুরায় মনস্কাম।

অধম আমি সদা করি হরি নাম; আর তব নাম।
তোমার কথামৃত অমৃত সমান; পড়লে পরে জুড়ায় প্রান।
দেখি শয়নে স্বপনে তোমার মধুর মঙ্গল মুরতি।
প্রেম ভরে ভক্তি ভরে করি আমি তোমার সন্ধ্যা-আরতি।

শিখেছি তোমার কথামৃতে "যারা কামিনী-কাঞ্চন নিয়ে থাকে।
তারা বদ্ধজীব - একবারও ভাবে না ঈশ্বরকে'
তাই মোহ নাই কামিনী-কাঞ্চনে; ডাকি শুধু তোমাকে।
এই লোভে, ঈশ্বর যদি দেখা দেয় একটিবার আমাকে।

তাইত তোমার ভক্ত সহস্র পাপী তাপি যত
শ্রীরামকৃষ্ণ বলি বলে ডাকে দিবারাত।
পরমহংস, পরমানন্দ তুমি সকলের মুক্তির দিশারী ।
তুমি আছো মোর হৃদয় মন্দিরে;আমি সদা তোমার অমৃতকথা স্মরি।

কথামৃতে তব মুক্তির বাণী ঝরিছে বরিষণ সম
দিতেছে সদাই আলো আর জ্ঞান অন্তরে মম।
পরমানন্দ তুমি; সদানন্দ তুমি, সদা ভাবময়;
পেয়েছিলে তুমি দুর্লভ শ্যামা ধন, ওগো প্রেমময়

তুমি করেছ- বিষ্ণু, শিব ও শক্তির সাধনা।
তুমি করেছ কঠিন বেদান্ত সাধনা।
হিন্দু, মুসলমান, বৌদ্ধ, খ্রিস্টান
তোমার কাছে সকল ধর্মই সমান।

পঞ্চমন্ডীর আসনে বেদীর উপর তোমার তন্ত্রসাধন
সত্যি অতুলন, অনন্য আর অনুপম সাধন
অপার মহিমা তোমার, অপরূপা যৌবনা রমনীকে
সাক্ষাৎ দেবীজ্ঞানে তুমি করেছ পূজন।

জানি না কেউ কোন দিন করেছে এমন সাধন।
তুমিই প্রথম শিখিয়েছ ব্রহ্ম ও শক্তি- এই দুই সমান।
তুমি শিখিয়েছ অতি সহজ সরল ভাবে;
ব্রহ্ম যখন নিষ্ক্রিয় থাকেন, তখন তিনি নির্গুণ ব্রহ্ম হন;
আর যখন সৃষ্টি স্থিতি বা প্রলয়ে নিরত থাকেন;
তখন তিনি শক্তিরূপা হন।

তুমিই প্রথম সহজ করে শিখিয়েছ সবারে
মায়া আর দয়া কিভাবে সকলকে প্রভাবিত করে।
বাপ, মা, ভাই, ভগ্নী, স্ত্রী, পুত্র, সকলই মায়ার টান
ঈশ্বর লাভ হলে মায়া কেটে যায় সবই হয় সমান।

দয়া মনে এলে পরে আমরা ভাবি-সর্বভূতে আছেন হরি
এমনি ভেবে আমরা সকলকে ভালবেসে আত্মার আত্মীয় করি।
তুমি আরো বলে গেছ – অতি সহজ করে-
জীবাত্মা-পরমাত্মার মাঝে আছে এক মায়া-আবরণ।
এই মায়া-আবরণ না সরে গেলে পরস্পরের হয় না মিলন ।

তোমার সাধন দর্শনের নেই কোন তুলনা
তুমি যে করেছ হিন্দু, ইসলাম, বৌদ্ধ, খ্রিস্টান
সর্ব ধর্মের অসাধ্য সাধনা।
তোমার সাধন-দর্শন সত্যি অসাধারন।

কিছু ধর্মান্ধ বোঝেনা তোমার সাধন-দর্শন।
তাই তারা করে আনাড়ির আস্ফালন।
বোঝেনা তারা তোমার 'সর্বধর্ম সমন্বয়ের দর্শন।
মুঢ়েরা বোঝে না তোমার অহিংস, ত্যাগ ও প্রেমের দর্শন।
তোমার সাধনা অতি অসাধারণ –

তোমার দর্শন বুঝতে না পেরে কিছু লোক করে সমালোচন।
তোমার ভক্তি সাধনা এত গভীর ও গহন,
বুঝে নাই কিছু অতি সামান্য ইস্কন।
তারা বোঝে না- 'সর্বধর্ম সমন্বয়ের অসামান্য দর্শন।

ওগো প্রভু, আমার প্রিয় নিত্যধন,
জানি না আমি কোন সাধন ভজন
আমি যেন করি সদা তোমারই পূজন।
আমি যেন তোমার শ্রীচরণে নিজেকে করি সমর্পণ।

৮; বীর সন্ন্যাসী স্বামী বিবেকানন্দ

হে মহাবীর, হে মহামানব, হে দেশপ্রেমিক, ওহে সত্যদ্রষ্টা।
ভারতের গৌরব আধুনিক ভারতের বলিষ্ঠ স্রষ্টা।
তুমি - অবতার, মুমুক্ষু ও মহাপুরুষ সংশ্রয়ে
সারা বিশ্বে বিলিয়েছিলে মুক্তির বানী বেদান্তের কণ্ঠ হয়ে।

তুমিই প্রথম এনেছিলে ভারতের মন্ত্র বেদান্তকে
লোকালয়য়ে ঋষিদের স্থান পাহাড় পর্বত থেকে।
তুমিই প্রথম প্রচার করেছিলে প্রাচ্য ও প্রাশ্চাত্যে
ভারতের মন্ত্র বেদান্তের বাণী জ্ঞানের দীপ্তিতে।

শিকাগোর বিশ্বধর্ম মহাসভায় তোমার অনন্য ভাষণ
এনেছিল সবার মনে বিশাল আলোড়ন আর উদ্দীপন।
তোমার বেদান্ত প্রচারে মুগ্ধ চকিত সমগ্র জগৎ
ভারতের লুপ্ত গরিমা তুমিই প্রথম করেছিলে সুপ্তোত্থিত ।
তুমি সেখানে "ভারতের সাইক্লোন সন্ন্যাসী" নামে হয়েছিলে পরিচিত।

শিকাগোর বিশ্বধর্ম মহাসভায় করেছিলে বিশ্বজয়
সেইদিন থেকে পরাধীন ভারত বিশ্বের দরবারে
সুমহান প্রাচীনতম ধর্মের দেশ বলে প্রতিষ্ঠিত হয়।
পরাধীন ভারতবাসীর মধ্যে স্বাধীনতার বীজ রোপিত হয়।

আমেরিকার ধর্মসভায় তোমার বিস্ময়ময় বিশ্ববিজয়
ভারতবাসীকে স্বাধীনতার স্বপ্ন দেখায়।
তোমার বাণী ও আদর্শ বিপ্লবীদের প্রথম অনুপ্রেরণা দেয়।
তোমারই বানীতে ভারতবাসী প্রথম মুক্তির মন্ত্রে দীক্ষিত হয়।

প্রাচ্য-প্রাশ্চাত্যে তোমার প্রচারে বেদান্ত পেয়েছে বিশ্ব প্রকাশ।
বিবেকবানী পড়েছি অনেক, বুঝেছি আমি অল্প কিছু হে মহান তাপস,
জ্ঞানদীপ্ত তুমি, জানেনা অনেকে তুমি যে ক্রান্তদর্শী ঋষি।
মানুষ ছুটছে সদা মিথ্যা আর স্বার্থের পিছনে করছে হানাহানি
কেমনে বুঝিবে তারা তোমার বেদান্তের বাণী- মুক্তির বাণী।

'শিব জ্ঞানে জীব সেবা' শিখিয়েছ সবারে বেদান্তের কণ্ঠ হয়ে।
আজ মানুষ হয়েছে বিভ্রান্ত তোমার বেদান্তের বাণী ভুলে গিয়ে।
এসেছে আজ সর্বত্র বিশাল বিভেদ আর হলাহল ধর্মে ধর্মে
বেদান্তের আদর্শ ভুলে গিয়ে মেতেছে মানুষ ভণ্ডামি আর অধর্মে।

তোমার সর্বধর্ম-সমন্বয়ের বাণী ভুলে গিয়ে।
তুমই প্রথম বিশ্বে প্রচার করেছিলে
রামকৃষ্ণের সর্বধর্ম-সমন্বয়ের বাণী

অসাধারণ তোমার সেবা ও ত্যাগের মন্ত্র,
মহামহীয়ান তুমি, শিখিয়েছ ত্যাগের মহিমা সবায়।
নিয়েগিয়েছ বেদান্তকে নারায়ণের সেবা ও ভালবাসায়
তোমার আদর্শে বেদান্তকে মানুষ নিয়েছে কর্মযোগ ও মানব সেবায়।

তুমি ত প্রথম বলেছিলে বেদান্তের মূলকথা;
"ব্রহ্ম হতে কীট পরমাণু, সর্বভূতে ঈশ্বর প্রেমময়।
মন প্রান শরীর অর্পণ কর সখে, এ সবার পায়।
বহুরূপে সম্মুখে তোমার, ছাড়ি কোথা খুঁজিছ ঈশ্বর
জীবে প্রেম করে যেই জন সেইজন সেবিছে ঈশ্বর"

তুমি প্রথম বলেছিলে –আমরা সবাই অমৃতের সন্তান।
নির্ভীক আমরা সিংহ-শিশু নিশ্চিত শক্তিমান।
তোমার কথায় আত্মা শুদ্ধ, অসীম, চিরন্তন;
আত্মা সদা আনন্দময়, ব্রহ্মের সাথে হয় মিলন।

শিখেছি তোমার বানী আর অসংখ্য রচনায়
অজ্ঞতা সকল দুর্বলতা এবং ভয়ের কারণ হয়।
প্রকৃত জ্ঞান জীবনে শক্তি এবং মুক্তি এনে দেয়।
আত্মা কখনো দুর্বল বা অক্ষম নয়; চিরন্তন ও অমর হয়।

বিশ্বধর্ম মহাসভায় তুমিই প্রথম বলেছিলে "আত্মা ব্রহ্ম ছাড়া কিছু নয়।
আত্মাই সব; আত্মাই পরম সত্য হয়।
বিশ্ব ব্রহ্মান্ডে একটাই আত্মা আছে; অনেক আত্মা নয়।
মানুষ মানুষের ভাই কারণ সব মানুষের আত্মা একটাই মাত্র হয়।

বেদান্তের বানী প্রচার করে বলেছিলে প্রথম তুমি;
আমি তুমি; তুমি আমি; সর্বভূতে অন্তর্যামী।
কাউকে কখন আঘাত করলে নিজেকে আঘাত কর হয়।
আমি উমুক; আমি তুমুক এসবকিছু মায়ার কারনে হয়।

তোমার কথায় " বিভেদ এবং বিভাজন যখন অদৃশ্য হবে।
তখন সকলকে এক দেবত্ব বা স্বর্গীয় আত্মা রূপে উপলব্ধি হবে।

তোমার কথায় ঈশ্বর মেঘের উপর বসে থাকা মানুষ নন।
ঈশ্বর বিশুদ্ধ আত্মা ছাড়া আর কেউ নন।
তোমার ব্যাখ্যায় আত্মাই ঈশ্বর, ঈশ্বরের সাথে নিজেকে আপন করা।
ঈশ্বর হলেন সবার আত্মা; তাঁকে নিজের থেকে আলাদা যায়না করা।

গান্ধীজী, রবীন্দ্রনাথ, নেতাজী, নিবেদিতা, জোসেফিন, রাইট, ক্রিস্টিন,
ও সকল স্বাধীনতা সংগ্রামী নিয়েছে তোমার বাণী করেছে তোমায় শরণ।
তোমার মানবপ্রেম ও মানবসেবা আদর্শকে তারা সকলে করেছে গ্রহণ।
উদ্বুদ্ধ করেছে তোমার রাষ্ট্রনীতি, জাতিয়তাবাদ ও সমাজ দর্শন।

তুমি এসেছিলেন আমার জীবনে একেবার বাল্যকালে।
তোমার কর্মযোগের বুঝেছিলাম বাল্যকালে বহু ভাগ্যকরে।
তোমার বানী ও রচনা পেয়েছিলাম এক স্কুল শিক্ষকের হাত ধরে।
তোমার কর্মযোগ বুঝে জীবনে চলার নূতন পথ পেলাম খুঁজে।

সেইদিন থাকে তোমাকে পেয়েছি ধ্যানে রুদ্ধদার ঘরে।
সেইদিন থেকে মন প্রান আমি সঁপেছি তোমারে সকলের অগোচরে।
ধ্যানের মধ্যে দেখতাম তুমি জ্যোতির্ময় দাঁড়িয়ে রয়েছ আমার সম্মুখে।
শিউরে উঠেছি প্রথম প্রথম ধ্যানের মধ্যে তোমায় দেখে।

মনে হয় বলতে তুমি- "এগিয়ে যাও সত্যের পথে, ঈশ্বর আছে সাথে।
ভয় পেয়ো না দুঃখ, দারিদ্র, মানুষের অবজ্ঞাকে, এগিয়ে যাও লক্ষ্য পথে"।
যখন থেকে পেয়েছি ধ্যানে তোমার অমৃত অভয় বাণী।
নির্ভয়ে চলেছি সদা সত্যের পথে, অন্যায়ের সাথে আপোষ করিনি।

পরিণত বয়সে পড়েছি তোমার লেখা 'বেদান্ত–ভয়েস অফ ফ্রিডাম'।
পেয়েছি আত্মজ্ঞান, তোমার বেদান্ত দর্শন করেছি কিছুটা হৃদয়ঙ্গম।
তুমি সবারে শিখিয়েছ ত্যাগের মন্ত্র; দিয়েছ মানবসেবার মহামন্ত্র খানি।

গ্রহণ করেছি মানবসেবার মহামন্ত্র; যদিও বেশিকিছু করতে পারিনি।
হে মহান ঋষি সত্যদ্রষ্টা, আরো উদ্বুদ্ধ করো আমায় আত্মজ্ঞানে।
তোমার প্রেরণায় আমি যেন এগিয়ে যেতে পারি সত্যের সন্ধানে।
নিয়ে চলো প্রভু অনিত্য জগৎ থেকে শাশ্বত জগতে।
মোহ অন্ধকার থেকে দিব্যজ্ঞানের আলোতে।

৯; বন্ধনমুক্তি

সংসার জ্বালায় সকলে বলি- মুক্তি চাই; মুক্তি চাই ।
দুঃখ বিষাদে জর্জরিত সকলে, কিন্তু কিভাবে মুক্তি পাই।
সদাই ভাবি কোথায় যে চলি; কেন যে চলি?
কোথা হতে আসি, কেন যে আসি- শুধু ভেবে চলি।
কেন এত দুঃখ কষ্ট হতাশা বারে বারে পাই?
এসবের উত্তর কোথা গেলে আমাদের জানা নাই।
কোনভাবে তার সূত্র নাহি পাই।
তবুও সংসার-বন্ধন থেকে আমরা সকলে মুক্তি চাই।

পরিশেষে বুঝেছি তাঁর খেলায় সবাই খেলি কাঁদি আর হাসি।
তবে বুঝিনি -কে আমি এসেছি?
কোথায় এসেছি, কেনই বা এসছি?
জানি না কি কাজে এসেছিলাম?
কি কাজ করে গেলাম?
তবে বুঝেছি, আমি শুধু তাঁর কাজ করে গেলাম।
আমাদের অবিরাম আসা-যাওয়া;
জন্মমৃত্যুর অন্তহীন চক্র ছাড়া কিছুই নয়;
কিন্তু এর মুক্তি কোথায়?

প্রভু আমার প্রিয় আমার, বুঝেছি পরিশেষে;
তোমার নিত্য খেলায় সকলেই যায় আর আসে।
তোমার জগতে তোমার মায়াতে মুগ্ধ জগতজন।
তোমার নিত্য খেলায় আমরা সবে খেলছি অনুক্ষণ।
রবি-শশী-তারা সদা তোমারি আদেশ করে পালন।
আমরা সকলে চলি সেই পথে যে পথে নিয়ে যাও ওহে নিত্যধন।

তোমারি খেলায় এই জগতে আমার অবিরাম আসা-যাওয়া।
মায়ার বন্ধনে চলছে সবার আসা-যাওয়া; বল প্রভু এর মুক্তি কোথায়।

প্রভু, তুমি সূর্য্য, তুমি চন্দ্র, তুমি আকাশ, বাতাস রয়েছ লক্ষ্য তারায়।
তুমি রয়েছ ফুলে ফলে; প্রভু, তুমি রয়েছ জোয়ার ভাটায়।
তোমার মায়ায় মোহিত আমরা সবাই খেলছি নিত্য তোমারি খেলায়।
তুমি রয়েছ আমাদের দুঃখ সুখে, তুমি রয়েছ আমাদের বিদ্যা-অবিদ্যায়।
প্রভু, তুমি জ্ঞান, জ্ঞাতা ও জ্ঞেয়; তুমি শক্তি, তুমি শান্তি, তুমি মুক্তি।
প্রভু, তোমাতে করেছি আত্মহুতি, বলো তুমি, কখন লভিব বন্ধন-মুক্তি।

১০; গৌতম বুদ্ধ- জীবনী ও বানী

আজ থেকে প্রায় আড়াই হাজার বছর আগে হিমালয়ের তরাই অঞ্চলে
কপিলাবস্তুর রাজা শুদ্ধোদনের পুত্র সিদ্ধার্থ স্বর্গ থেকে এলেন ধরাতলে।
ভরা যৌবন কালে স্ত্রী-পুত্র রাজবৈভব ভোগবিলাস ছেড়ে চলে যান বনে।
বসেন কঠোর তপস্যায় দিব্যজ্ঞান লাভে মানবজাতির দুঃখ নিবারনে।
বোধি লাভের পর তিনি গৌতম বুদ্ধ নামে পুজিত হন বিশ্বভূবনে।
মানব কল্যাণে বিষ্ণু অবতার গৌতম বুদ্ধ এসেছিলেন এক শুভক্ষণে।

শাক্যমুনি গৌতম বুদ্ধ বৌদ্ধধর্ম প্রতিষ্ঠা করেন।
তিনি বিষ্ণু অবতার ছিলেন - রয়েছে অগ্নিপুরাণে।
বৌদ্ধধর্ম প্রথম ভারতীয় দর্শন যা ভারতের বাইরে প্রচারিত হয়।
বৌদ্ধধর্ম ভারতের পর মধ্য ও দক্ষিণ-পূর্ব এশিয়ায় প্রচারিত হয়।
চীন, জাপান ও শ্রীলঙ্কায় বৌদ্ধধর্মের প্রাধান্য পেয়ে থাকে।
হিন্দুরা বুদ্ধকে অবতার বা ভগবান হিসেবে পূজা করে থাকে।

পুরাণ বলে, অসুরেরা বৈদিক ধর্ম অবলম্বন করে অপরাজেয় হন।
দেবাসুর সংগ্রামে দেবতারা দানবের কাছে পরাজিত হলেন।

দেবতাদের অনুরোধে ভগবান বিষ্ণু বুদ্ধ রূপে অবতীর্ণ হন।
তাঁর মায়ায় দানবেরা বেদধর্ম পরিত্যাগ করে বৌদ্ধ ধর্ম গ্রহণ করেন।
বেদধর্ম বিবর্জিত দানবেরা নরকার্হ কর্মে লিপ্ত হয়ে সব শক্তি হারান।
অবতার বুদ্ধ বৌদ্ধ ধর্ম প্রচার করে এইভাবে অসুরদের বিভ্রান্ত করেন।

বৈশাখী পূর্নিমা তিথিতে, শালবৃক্ষ আবেশে ভগবান বুদ্ধ জন্ম নিলেন।
মাতা মায়াদেবীর গর্ভে নেপালের লুম্বিনী বাগানে।
জীবনে দুঃখ, জরা-ব্যাধি ও মৃত্যু -"ত্রিতাপ" চিন্তায় গেল তাঁর মন।
রাজঐশ্বর্য ও রাজকর্মে তিনি হলেন একেবারে উদাসীন।
তা দেখে ভয় পেয়ে পিতা শুদ্ধোধন16বছর বয়সে সিদ্ধার্থের বিবাহ দেন।
শুদ্ধোদনের ইচ্ছায় গোপা নামে সুন্দরী রাজকন্যা সিদ্ধার্থকে বিয়ে করেন

বিয়ের পর সংসার জীবনে-"ত্রিতাপ" মোচনে সিদ্ধার্থের মন চলে যায়।
29 বছর বয়সে রাহুল নামে তাঁর এক সুন্দর পুত্রসন্তান হয়।
এরপর মানবজীবনের ত্রিতাপ যন্ত্রণা মোচনে সিদ্ধার্থ ব্যাকুল হলেন।
গৌতম সিদ্ধার্থ সংসারের মায়ার বন্ধন ছিন্ন করেন তখন।

রাজঐশ্বর্য, স্ত্রী পুত্র ত্যাগ করে একদিন
গভীর রাতে তিনি গোপনে গৃহত্যাগ করেন।
তাঁর গৃহত্যাগের ঘটনাকে বলা হয় "মহাভিনিস্ক্রমণ"।

গৃহত্যাগ করে ত্রিতাপ যন্ত্রণার কারণ তিনি করেন অনুসন্ধান
35 বছর বয়সে গৌতম করেন কঠোর তপস্যা ও কৃচ্ছ্রসাধন।
বোধগয়ার বোধিবৃক্ষের নীচে 49 দিন তিনি করেছিলেন ধ্যান।
ঐ সুদীর্ঘ ধ্যানে তিনি লভিলেন গভীর অন্তর্দৃষ্টি বা বোধিজ্ঞান।
সিদ্ধার্থ গৌতম বোধিজ্ঞান লভিয়া বোধিজ্ঞান হলেন গৌতম বুদ্ধ হন।

এরপর মানবকল্যাণে গৌতম বুদ্ধ তাঁর মতাদর্শ প্রচারে ব্রতী হলেন।
দীর্ঘ 45বছর তিনি ভারতের বিভিন্ন স্থানে ধর্মমত প্রচার করেন।
মগধের রাজা বিম্বিসার ও অজাতশত্রু, কোশল-রাজ প্রসেনজিত,
পন্ডিত সারিপুত্ত, ব্যবসায়ী অনাথপিন্ডক, পতিতা আম্রপালি, নাপিত
উপালি প্রমুখ লক্ষ লক্ষ দেশবাসী তাঁর শিষ্যত্ব গ্রহণ করেন।]

ভারতে বৌদ্ধ ধর্ম ম্লান হলেও ভগবান বুদ্ধের প্রতি রয়েছে প্রগাঢ় ভক্তি।
সারা বিশ্ববাসী ও ঋষিমনিষী হাজার হাজার বছর ধরে করেছেন প্রণতি।
শ্রীরামকৃষ্ণ, স্বামী বিবেকানন্দ, বিশ্বকবি রবীন্দ্রনাথ ন্যায় বহু মনিষীগণ
গৌতম বুদ্ধের প্রতি শ্রদ্ধা, ভক্তি, প্রণতি করছেন নিবেদন।

মহামানব গৌতম বুদ্ধের প্রতি শ্রদ্ধা জানিয়ে রবীন্দ্রনাথ লিখেছেন
অনেক কবিতা, নাটক প্রবন্ধ অসাধারণ।
কবির 'শ্রেষ্ঠ ভিক্ষা' কবিতাটি বুদ্ধের দুটি শিক্ষা তুলে ধরেছে।
জীবনে কৃচ্ছসাধন ও শ্রেষ্ঠ দান বলতে বৌদ্ধধর্ম কি বুঝিয়েছে।

বিবেকানন্দ লিখেছেন কবিতায়; "*বুদ্ধ আমার ইষ্ট, আমার ঈশ্বর।*
তিনি এসেছিলেন আমার ঘরে আমার জীবনে বাল্যকালে একবার।
তখন আমি স্কুলে পড়ি, ধ্যান করছি রুদ্ধদার ঘরে" ......,
অকস্মাৎ আবির্ভূত জ্যোতির্ময় পুরুষ, সম্মুখে;......।
মুখে অপূর্ব আলোক, মুণ্ডিত মস্তক, দণ্ড-কমণ্ডুল হস্তে প্রশান্ত সন্ন্যাসী
ভাষাময় নয়নে তাকিয়ে আমার দিকে, যেন কিছু বলবেন।
অভিভূত আমি, প্রণাম করেছি সাষ্টাঙ্গে ...."।
কবিতার প্রমানিত –বিবেকানন্দ ছোট থেকে ছিলেন বুদ্ধের প্রতি অনুরক্ত।

একদিন বিবেকানন্দ ধ্যানে বসেছেন বুদ্ধগয়ায় বোধিবৃক্ষতলে।
বিবেকানন্দ হঠাৎ শিউরে উঠেন আর ভাবেন – "*এও কি সম্ভব!-*
যে-বায়ুতে নিশ্বাস নিয়েছিলেন তিনি, তাতেই শ্বাস নিচ্ছি আমি।

যে মাটিতে বিচরণ করেছিলেন – তাতেই অবস্থিত আমিও!"
এই উক্তিটি স্বামীজীর লেখাতে পেয়েছি আমি।
গৌতম বুদ্ধের প্রতি বিবেকানন্দেরছিল অশেষ শ্রদ্ধা-ভক্তি।

রাজৈশ্বর্য, রাজবৈভব, স্ত্রী-পুত্রের প্রেম, প্রলোভন সবই ছিল বুদ্ধের কাছে।
তারা সবে হাতছানি দিয়ে বলেছিল ছেড়ে দাও বৈরাগ্য, সত্যের সন্ধান।
ফিরে যাও আগের সংসার জীবনে, সুখের জগতে; কেন এত কৃচ্ছ্রসাধন।

মহাকায় বুদ্ধ বলেছিলেন প্রলোভন পাহাড়ে পদাঘাত করে;
"সত্যের সন্ধানে মৃত্যুও শ্রেয়, মিথ্যা সুখের চেয়ে।
সত্যের সন্ধানে ধ্বংস শ্রেয় ; অজ্ঞাত জীবনের চেয়ে।"
সর্বজনের হিত ছাড়া তিনি কখনো নিজেকে ভাবেননি।
সর্বজীবের হিত ছাড়া একটিও কাজ করেণ নি তিনি।
এ কথা কোণ ধর্মাবলম্বী কখনো অস্বীকার করেনি ।

১১; গৌতম বুদ্ধের অমৃতবাণী ও উপদেশ

দয়া ও অহিংসা পথ প্রথম দেখিয়েছেন যিনি।
তিনি হলেন গৌতম বুদ্ধ শাক্যমুনি।
গৌতম বুদ্ধ বৌদ্ধধর্মের ২৮তম বুদ্ধ- সম্যক তপস্বী ও জ্ঞানী।
জীবনের যে বড় সত্য মানুষকে চিনতে শিখিয়েছেন সর্ব প্রথম তিনি।
তিনি বলেন- *এক ঋতুর অবসানে যেমন অন্য ঋতুর আগমন ঘটে থাকে;*
জীবনে তেমনি সুখ ও দুঃখ চক্রাকারে এসে থাকে।
একজন মানুষ যত ধনীই হোন না কেন,
কোনও না কোনও দুঃখ থাকবেই তার জীবনে।
এমন কোনও মানুষ নেই, যার জীবনে কোনও দুঃখ নেই।"

তিনি বলেন; সুখ বা দুঃখ - কোনটাই জীবনে স্থির নয়।
আজ যদি কেউ সুখে থাকে, পরে তাকে দুঃখের পাহাড় পেরোতে হয়।
আজ দুঃখে থাকলে, শীঘ্রই সুখের আলো আসে-এটা সত্য হয়।
দুঃখের কারণ যাই হোক না কেন, নিজের জন্যই তা বেশি বেড়ে যায়।
পরিস্থিতি যতই খারাপ হোক না কেন, ধৈর্য্য হারাতে নাই।
দুঃখ থেকে মুক্তি আসবে নিশ্চয়ই।

বুদ্ধ বলেছেন; স্বার্থপরতা যেখানে দুঃখ সেখানে।
তিনি বলেন-"নশ্বর এই জগৎ; স্ত্রী,পুত্র পরিবার সবই মোহময় এ জগতে।
স্বার্থশূন্য হও! আবদ্ধ হয়ো না সংসারে; নিজের দুঃখ বাড়াতে।
ভাবতে হবে কোটি-কোটি ক্ষুধাতুরের কথা যারা মৃত্যুপথযাত্রী প্রায়।
পৃথিবীতে শিশুর জন্মের পর কান্নাই শিশুর প্রথম উচ্চারন হয়।
জগতে সকলে কাঁদে; কাঁদতে সকলকে হয়; এটাই সত্য হয়।
এই সত্য জেনে, ত্যাগ করো হৃদয়ের স্বার্থপরতা, করো দুঃখ জয়।"

সত্য দ্রষ্টা বুদ্ধ তাঁর প্রতিটি বাণীতে করেছেন সত্যের অবতারণ।
যেমন, ব্রহ্ম নিয়ে কিছু ব্রাহ্মাণ করছে অনেক তর্ক বিতর্ক কিছু ব্রাহ্মাণ।
তার্কিক ব্রাহ্মণদেরকে গৌতম বুদ্ধ প্রশ্ন করেন;
আপনারা কি ব্রহ্মাকে দেখেছেন?
"তারা বলল না";বুদ্ধ দ্বিতীয় প্রশ্ন করেন;
আপনাদের পিতা ব্রহ্মাকে দেখেছেন?
তাদের উত্তর হল; সম্ভবত না।
বুদ্ধের তৃতীয় প্রশ্ন; আপনাদের পিতামহ দেখেছেন ব্রহ্মাকে?
তাদের উত্তর হল; তা জানিনা।

বুদ্ধ বলেন, হে বন্ধুগণ! ব্রহ্মাকে না দেখেছেন; আপনারা;
না দেখেছেন আপনাদের পিতা ও পিতামহ,
সেই অদৃশ্যের দ্বারা আপনারা দাবিয়ে রাখতে চান অন্যদের?
এ কি অবাক কাণ্ড আপনাদের!!
ভগবান বুদ্ধ বলেন অন্যের কাছে শুনে, কোনকিছু করো না বিশ্বাস।
বংশানুক্রমে কোনো মত পেয়েছ বলেই তাকে করো না বিশ্বাস;
দেখো, যুক্তি ও বাস্তবের সাথে সে কথা মেলে কিনা;
দেখো ভালকরে সে কথা সকলের কল্যাণকর কিনা।
বুদ্ধ ছিলেন সমাজ সংস্কারক; এটি হল সংস্কারের একটি ঘটনা।
এতবড় সংস্কারক ভারতে কখনো এসেছে বলে মনে হয় না।

বুদ্ধের উপদেশের আর একটি ঘটনা
ছোট করে এখানে করছি বর্ণনা।
ঈশ্বর নিয়ে ব্রাহ্মণদের মধ্যে হচ্ছে উগ্র বাক্য-বিনিময়।
মিটছে না তাদের ঝঘড়া বিবাদ; হয় না নিষ্পত্তি ক্রোধ সংশয়।
বুদ্ধ শান্তভাবে শুনলেন ব্রাহ্মণদের কোলাহল বাক বিতণ্ডা।
বুদ্ধ জিজ্ঞাসা করেন- ঈশ্বর কি ক্রোধী? ঈশ্বর কি অপবিত্র?
কি বলে আপনাদের বিশাল শাস্ত্র।

ব্রাহ্মণগণ বলেন- ঈশ্বর কেন হবেন ক্রোধী বা অপবিত্র!
শাস্ত্র বলেছে- ঈশ্বর শান্ত, পবিত্র, প্রেমময় আর মঙ্গলময়।
বুদ্ধ বলেন; *"তবে কেন আপনারা হতে পারেন না শান্ত ও মঙ্গলময়!*
তবেই ঈশ্বর জানবেন- আপনারা তাঁর পরমভক্ত আর প্রেমময়।"

বৌদ্ধধর্ম পৃথিবীর সর্বত্র সমাদৃত কেবল তাঁর অমূল্য দর্শনের জন্য নয়!
সেই সঙ্গে রয়েছে সবার জন্যে তাঁর অপূর্ব প্রেম, ত্যাগ আর বিশাল হৃদয়।
ত্যাগ করেছেন রাজৈশ্বর্য, রাজবৈভব, স্ত্রী পুত্র সবকিছু মানবকল্যাণে।
জীবন ধারন করেছেন তিনি ভিক্ষাপাত্র হাতে নিয়ে কঠোর কৃচ্ছসাধনে।
তিনিই প্রথম দিয়েছেন সকল প্রাণীকে তাঁর করুণা ওপ্রেম জগতকল্যাণে।

তিনিই প্রথম শিখিয়েছেন অহিংসার মন্ত্র, জীবসেবার মন্ত্র জগতবাসীকে।
তিনিই প্রথম দেখিয়েছেন সৌহার্দ প্রেম, বিশ্বভাতৃত্ব অসাধারন মাহাত্য।
বন্ধ করেছেন বিধ্বংসী রাজাদের সন্তান বলি, রক্তক্ষয়ী রাজ্য বিস্তার।
তিনি বন্ধ করেছেন ঈশ্বর ও ধর্মের নামে লুণ্ঠন ও ধ্বংসলীলা রাজার।

গৌতম বুদ্ধের কিছু অমুল্য বাণী

"অহিংসা পরম ধর্ম" আর "জীব হত্যা মহাপাপ" এটাই বুদ্ধের পরম বাণী।
আমরা এটা সকলে জানি, আজকের দিনে কজন আমরা মানি।
তিনি বলেছেন; "সমস্যার সমাধান ঘৃণা, বিদ্বেষ অথবা যুদ্ধ দ্বারা নয়;
জীবনে সকল সমস্যার সমাধান প্রেম প্রীতি, মমতা দিয়ে হয়।
অসহিষ্ণুতা, হিংসা, বিদ্বেষ, লোভ, থাকলে জীবন লক্ষ্যচ্যুত হয়
জীবনে যদি ত্যাগ, প্রেম ও সেবা ধর্ম থাকে জীবন বিকশিত হয়।

গৌতম বুদ্ধের চতুরার্য সত্য –পৃথিবী বিখ্যাত।
দুঃখ, দুঃখ-সমুদয়, দুঃখ নিরোধ, দুঃখ-নিবারণ মার্গ সর্বজন বিদিত।
গৌতম বুদ্ধের জ্ঞান-দর্শনে রয়েছে এই চারটি শ্রেষ্ঠ সত্য।
বুদ্ধের আর্য–অষ্টাঙ্গিক মার্গ আমাদেরকে মুক্তির পথ দেখায়।
ঐ পথে চললে, ষড় রিপু ও পাপ মানুষকে ছুঁতে পারে না প্রায়।

তিনি বলেন- যত খুশি ভালো কথা শুন, যত খুশি ভালো বই পড় জীবনে;
কোনো লাভ হবে না যদি না ষড় রিপুকে ত্যাগ কর মনে প্রানে।
সকলে জানি, কাম, ক্রোধ, মোহ, মদ, ও মাৎসর্য নিয়ে ষড়রিপু হয়।
ষড়রিপু মানুষের মোক্ষ লাভে প্রধান বাধা হয়।
মোক্ষ লাভ বৌদ্ধধর্মের প্রধান লক্ষ্য বলে, এই ধর্ম সমাদৃত বিশ্বময়।

বুদ্ধ বলেন- অন্যের ভুলের দিকে তাকাবে না বেশি।
নিজের কর্মফল দেখ; কি করেছে, কি বাকি আছে সেটা দেখো বেশি।
তিনি বলেন- "জ্ঞানী ব্যাক্তি মরে না; জ্ঞানের আলোয় অমর হয়ে থাকে।
কিন্তু মূর্খ ও অজ্ঞরা নিজেদের অজ্ঞতার অন্ধকারে মৃত হয়ে থাকে।"

মূর্খ ও অজ্ঞ ব্যাক্তি জ্ঞানী ব্যক্তির সাথে সারাজীবন থেকেও
সত্য দেখতে শেখে না, যেমন চামচ মিষ্টির স্বাদ নাহি পায়।
অজ্ঞ ব্যক্তি একটি ষাঁড়ের মতো, সে জ্ঞানে নয়, আকারে বড় হয়।
যে হৃদয় প্রেম মমতায় পূর্ণ, সেই হৃদয় বড় সুন্দর হয়।"
এরূপ অনেক বুদ্ধের বানী আছে যা আমাদের জীবনে পথ দেখায়।

১২; ঘন্টাকর্ণ

চর্ম-রোগের দেবতা, ঘন্টাকর্ণের গল্প বলি শোন।
এ গল্প আমার তৈরি নয়, পুরান রূপকথা জেনো।
ঘন্টাকর্ণের অপর নাম, ঘেঁটুঠাকুর ছিল।
সূর্য ও ধর্মঠাকুরের লৌকিক রূপ ঘেঁটু ঠাকুর হল।

জৈনধর্মে ইনিই আবার ৫২ বীরের অন্যতম হলেন।
লোকে বলে সূর্য ও ধর্মঠাকুর, দুজনে কুষ্ঠ ও চর্মরোগ ভাল করেন।
পুরান বলে ঘেঁটুদেবতা যখন, দেবলোকে ছিলেন।
বড়সড় অপরাধ করে বসেন, ভগবান বিষ্ণু দ্বারা অভিশপ্ত হন।

বিষ্ণুর অভিশাপে ঘেঁটু ঠাকুরকে পিশাচ কুলে জন্ম নিতে হয়।
এই কারনে ঘেঁটু ঠাকুরের বিষ্ণুর উপর ভীষণ রাগ হয়।
রেগে সে বিষ্ণুনাম কোনমতে করত না শ্রবণ।
ঘেঁটুঠাকুর শিবের ভক্ত ছিল তাই করত শুধু শিবের পূজন।

কোনোভাবে বিষ্ণুনাম তার কানে না আসে যেন।
তাই ঘেঁটুঠাকুর দু-কানে দুটি ঘণ্টা ঝুলিয়ে রাখেন।
সেই থেকে ঘেঁটুঠাকুরের নাম ঘণ্টাকর্ণ হয়।
ঘন্টাকর্ণের ঐ অবস্থা দেখে ব্রহ্মা, বিষ্ণু, শিব –সকলে বিস্মিত হন।

তখন বিষ্ণু ও শিব ঘণ্টাকর্ণের কাছে হরিহর রূপে আবির্ভূত হন।
হরিহরের স্বরূপ হল অর্ধেক শিব ও অর্ধেক বিষ্ণুর অংশ।
ঘন্টাকর্ণ পুরানকথা মনে পড়ে বৈষ্ণবদের বিচিত্র প্রবচন শুনে।
বৈষ্ণবগণ মানে না হরিহর, মানে না শিব ও বিষ্ণুর যুগল -শঙ্করনারায়ণ।

বৈষ্ণবগণ সদা করে শিব ও বিষ্ণুর মধ্যে বিশাল বিভাজন ।
তাদের মতে বিষ্ণু ও তাঁর অবতার হলেন সর্বোচ্চ ঈশ্বর।
তাদের মতে ঈশ্বর অদ্বিতীয় নয়, শিব দুর্গা শক্তি তাদের কাছে ঈশ্বর নয়।
ঘণ্টাকর্ণের ন্যায় তারা সদা ভেদাভেদ জ্ঞানে দেবদেবীবিদ্বেষী হয়।

ইস্কনের শিব নিন্দা মূর্খতা বা ভণ্ডামি ছাড়া আর কিছুই নয়।
"যে শিবের নিন্দা করে আমার ভক্ত হলেও সে আমাকে খুঁজে না পায়।
যে শঙ্করকে বিমুখ করে আমার ভক্তি চায়-সে নরকবাসী ও মূর্খ হয়। "
এ হল ভগবান বিষ্ণুর কথা যা শ্রীরামচরিতমানসে।
ঘন্টাকর্ণের ন্যায় ইস্কন মানে না ঈশ্বর এক ও অদ্বিতীয় নয়।
"তারা মানে না-একো দেবঃ সর্বভূতেষু গুঢ়ঃসর্বব্যাপী সর্বভূতান্তরাত্মা।"
এক ঈশ্বর সর্বব্যাপী তিনিই সকল জীবের আত্মা,

১৩; জীবন সাথী

কে আপন কে পর- প্রশ্ন করে বহুজন।
জানি না, এই প্রশ্নের সঠিক উত্তর পেয়েছে কজন।
আমি জানি প্রতিটি জীবনে রয়েছে কুড়িটি আপনজন।
ঐ কুড়িটি আপনজনের কথা আমরা প্রায় করিনা স্মরণ।
প্রথমে বলি, ঈশ্বর আমাদের প্রথম ও প্রিয়তম আপনজন;
কাজের মধ্যে আমরা তাঁকে ভুলে গেলেও, তিনি ভুলেন নি কখন।

পাঁচটি জ্ঞানেন্দ্রিয়, পাঁচটি কর্মেন্দ্রিয়, পাঁচটি প্রান, আর চারটি অন্তঃকরণ;
ইন্দ্রিয়সকল মানুষের আমরণ আপনজন, এদের কথা ভাবি কজন?
পাঁচটি জ্ঞানেন্দ্রিয়- চোখ, নাক, জিভ, ত্বক ও কান।
হাত, পা, জিভ, মুত্রদ্বার ও মলদ্বার-পাঁচটি কর্মেন্দ্রিয় ছাড়া অচল জীবন
প্রান, অপান, ব্যান, সমান ও উদান হল জীবনের পাঁচটি প্রান।
মন, বুদ্ধি, চিত্ত ও অহংকার নিয়ে অন্তঃকরণ এরাই জীবনের আপনজন।

এসব কথার কথা নহে, ঋষি মহাঋষির বিশ্লেষণ।
তাদের বিশ্লেষণ বলে পঞ্চেন্দ্রিয় ছাড়া হয়না মনুষ্য জীবন
মানবদেহের ইন্দ্রিয় মন ও কর্ম- প্রতিটির রয়েছে পাঁচটি উপ-প্রকার
আমাদের জানতে হবে পঞ্চইন্দ্রিয়, পঞ্চ মহাভুত ও জীবের প্রকার।
পঞ্চ ইন্দ্রিয়-চোখ, নাক, জিভ, কান ও ত্বক; ঈশ্বরের সর্বশ্রেষ্ঠ দান
পঞ্চ ভূত-ক্ষিতি,অপ, তেজ, মরুৎ,ব্যোম-ঈশ্বরের সৃষ্টির পাঁচটি উপাদান।

জীব তিন প্রকার- নিত্যবদ্ধ, নিত্যমুক্ত ও বন্ধনমুক্ত।
আমরা নিত্যবদ্ধ সংসারী মানুষ; অবতার হলেন নিত্যমুক্ত।
ঈশ্বর লাভ করতে হলে আমাদেরকে হতে হবে বন্ধনমুক্ত।
আধ্যাত্মিক, অতীন্দ্রিয়বাদী ও ঈশ্বরমুখী না হলে কিভাবে হব বন্ধনমুক্ত?

জ্ঞানেন্দ্রিয় অঙ্গবিশেষ যা দিয়ে সবকিছু উপলব্ধি করা যায়।
কর্মেন্দ্রিয় কর্মের অঙ্গ যা দিয়ে কর্ম সম্পাদন হয়।
বিজ্ঞান বলে, মানবদেহে পঞ্চ ইন্দ্রিয় ছাড়া ষষ্ঠ ইন্দ্রিয় যা মস্তিষ্কে রয়।
ষষ্ঠ ইন্দ্রিয় বা অতীন্দ্রিয় যা দেখা যায় না, শুধু অনুভব করা যায়।

ইন্দ্রিয়বলে মানুষ শক্তিশালী ও বুদ্ধিবান হয়।
ইন্দ্রিয় বিহীন হলে মানুষ জ্ঞান, শক্তি ও চেতনা হারায়।
ইন্দ্রিয় ঈশ্বরের সর্বশ্রেষ্ঠ দান যা মানুষের জীবনসাথী হয়।
অন্য সাথী যাক চলে যাক, জীবনসাথী ইন্দ্রিয় যেন না যায়।

ইন্দ্রিয়গুলি ক্রিয়াশীল হলে জীবনের লক্ষ পূরণ হয়।
নইলে মনুষ্য-জীবন দুঃখ দুর্দশা-হতাশাপূর্ণ হয়।
ঈশ্বরের সর্বশ্রেষ্ঠ দানের জন্য তাঁকে কৃতজ্ঞতা জানাই কজন?
আমরা শুধু বাহিরে খুঁজি আত্মীয়স্বজন ও অন্য আপনজন।

১৪; সমর্পণ

ঈশ্বর তুমি আমার ঘনিষ্ঠতম আপনজন।
আমার মনের মন্দিরে সদাই পাতা তোমার সিংহাসন।
মাঝে মাঝে ভাবি সেই সিংহাসন রয়েছে খালি; তুমি দিয়েছ ফাঁকি।
তখন বড় ব্যাথা পাই মনে; অশ্রুধারায় প্লাবিত হয় আমার দুটি আঁখি।
তুমি যে আমার পরম পিতা, চির বন্ধু আমার, সুখ দুঃখের সাথী তুমি।
তুমি যদি ছেড়ে চলে যাও, তোমার বিরহে দিশেহারা হয়েযাই আমি।

ফাঁকি দিয়ে আমায় আরো দুঃখ, কষ্ট, বেদনা দিতে চাও তুমি;
তোমার ভ্রূকুটিতে করি না শঙ্কা, তোমার চরণে সমর্পিত আমি।
পিতা, মাতা, বন্ধু রূপে তুমি থাকো তাদের সাথে যারা তোমায় ডাকে।
আমিও তো ডাকি এক মনে তবে কেন মাঝে মাঝে ফাঁকি দাও আমাকে?
প্রভু যদি দিতে চাও আরও দুঃখ খেদ নাই তাতে; শুধু শক্তি দাও সহিবারে।
প্রানপাত করে ডাকি তোমাকে, কেন আমায় ফেলে তুমি থাকো দূরে।

অপার মায়ায়, আপন খেলায় কতরূপে আসো তুমি এই ধরাতলে।
কেউ তোমায় শ্যাম বলে, কেউ বলে শিব, কেউ আবার শ্যামা বলে।
শিবের ত্রিশূল, শ্যামের বাঁশী, শ্যামার অসি- সবই একই ভাবি আমি।
এসো ভুবন পাবন নারায়ণ, এসো শিব শঙ্কর, এসো ব্রহ্মময়ী শ্যামা তুমি।

হে অন্তর্যামী, ত্রিভুবন তারণ এস আমার হৃদয় মন্দিরে।
কর ক্ষমা অকিঞ্চনে দ্বেষ, হিংসা স্বার্থ, অহংকার দূর করে।
কি ভয়ঙ্কর– স্বার্থ বিদ্বেষের কালোমেঘ ছেয়েগেছে সমাজের সর্বস্তরে,
অত্যাচারীর শোষণ লোলুপে মরছে কোটি কোটি মানুষ অনাহারে।
শক্তি দাও প্রভু, জীবহিতে আমি যেন বাঁচি স্বার্থ সম্ভোগ ত্যাগ করে।

প্রভু, তুমি অরুপ, তুমি স্বরুপ, তুমি অপরূপ; তুমি সগুন আবার নির্গুণ
তোমার মহিমায় চলছে ত্রিভুবন; আমি বুঝি শুধু তোমার অভয় চরণ।

যখনই দেখি তোমার পুজা আরতি; শুনি কাঁসর ঘন্টা, নাচে পাগল মন।
এস নারায়ণ, এস বংশীধারী মুরারি মোহন দীনের বন্ধু হে ভগবন।
গোপাল-গোবিন্দ গোকুলনন্দন, তোমার চরণে নিজেকে করেছি সমর্পণ।

তোমার চরণ তলায় চলে আলোর নাচন;
সেই নাচনে নাচিছে সদাই রবি শশী তারা, নাচিছে গগন।
ঘুরছে জগত, ঘুরছে বিশ্বভুবন, ঘুরছে ত্রিভুবন
লক্ষ জনম নিয়ে আমিও ঘুরি এই ভুবনে অচেতন শিশুর মতন।

তুমি আছো আমার সকল কর্মে; আমার ক্ষুধা নিদ্রা আর ধ্যান জ্ঞানে,
আমি গাই সদা তব আগমনী গান, তবুও থাকো না কেন হৃদয় সিংহাসনে।
হে প্রাননাথ; যত নাহি পাই ততই কাঁদি আর তোমারে খুঁজি ব্যকুল মনে।
কেন তুমি ধরা দাও না আমার ধ্যানে, তোমায় দেখিতে চাই ধ্যান ও জ্ঞানে।

তুমি বিদ্যা, তুমি শক্তি, তুমি জ্ঞান, তুমি ভক্তি;
এ বিশ্ব তোমারি বিভূতি; বন্দি তোমারে হে ভূবনমোহন।
নমো নারায়ণ পতিতপাবন, নমো শ্রীমধুসুদন অগতির গতি,
নমো শিবশঙ্কর অখিলপতি; তোমার শ্রীচরণে থাকে যেন সদা মম মতি।

রয়েছ তুমি আকাশে বাতাসে, গ্রহ নক্ষত্রে ও পাহাড়ে, সাগরে।
বিরাজিছ তুমি ফুলে ফলে; আর রয়েছ প্রতিটি ভক্তের অন্তর মাঝারে।
কেন দাও না সাড়া আমার কাতর ডাকে; কেন তুমি রাখ আমায় দুরে।
প্রভু, মায়াজালে বন্দি হয়ে আর কতকাল থাকব এমনি করে।

পূজার মন্ত্র পড়ে দেখি তার ভিতরে তুমি নাই,
তীর্থস্থনে বেড়াই যত ততই তোমার থেকে দূরে চলে যাই।
কোন আঁধার সাগরে ফেলছ তুমি- আমি ভেবে না পাই;
বলো প্রভু কেমন করে সংসার-মায়া ছিন্ন করে; তোমার কাছে পৌঁছাই।

তীয় অধ্যায়
সমাজ ও দর্শন

সোনার বাংলা- তুমি আজ কত দূরে?

বিশ্বকবির কথায় আমরা সকলে গেয়েছি দিবানিশি।
আমার সোনার বাংলা, আমি তোমায় ভালোবাসি।
ওগো আমাদের সোনার বাংলা- তুমি আজ কত দুরে?
তোমার আশায় বসে আছি দেখব নয়নভরে।
স্বাধীনতার আগে যদিও তুমি ছিলে চোখের বাহিরে।
তবুও তুমি ছিলে বাঙালীর হৃদয় মন জুড়ে।
আজ বুঝি তুমি চলে গেছ বহু বহু দূরে।।
সোনার বাংলা - তুমি আবার কবে আসবে ফিরে?

আমাদের সোনার বাংলা -তুমি আজ কত দুরে?
মন বলে তুমি রয়েছ কাছে, নয় বহু দূরে।
কয়লা চুরি, রেশন চুরি, আবাস চুরি, চাকরি চুরি-চুরিতে বাংলা গেছে ভরে।
চারিদিকে চুরি জালিয়াতি ও শোষণ দেখে সোনার বাংলা তুমি রয়েছ দূরে।
এতদিন তোমার আকাশ, তোমার শিক্ষা তোমার বাতাস,
তোমার প্রেম-ভালবাসা বাজিয়েছিল বাঙ্গালীর প্রানে সুমধুর বাঁশি।
এখন আমরা বাঙালি-দুর্নীতি, শোষণ, অত্যাচারের অথৈ সাগরে ভাসি

আমাদের সোনার বাংলা -তুমি আজ কত দুরে?
স্বাধীনতার আগেও বাঙালি গেয়েছিল তোমার গৌরব গান প্রানভরে।
"আমার সোনার বাংলা, আমি তোমায় ভালোবাসি।
দুরাচার অত্যাচার দেখে আমাদের ছেড়ে তুমি চলে গেছ বহু দূরে।

স্বাধীনতার ৭৭বৎসর পর বাঙলার নেতামন্ত্রী আমলা পেয়াদা সবাই-
চুরি, দুর্নীতি, বোমাবাজি শোষণ, ধর্ষণ, নরহত্যায় মস্তবড় কসাই।
স্বাধীন বাংলায় সবই স্বাধীন- বোমাবাজি, তোলাবাজি, শোষণ, ধর্ষণ,
নারী নির্যাতন সবই চলছে স্বাধীন ভাবে–নেই আলোড়ন নেই আন্দোলন।

মাঝে মঝে বুদ্ধিজীবীরদল টিভি চ্যানেলে আলোচনা মঞ্চে ঝড় তুলে দেয়
দুর্নীতি আর শোষণের পক্ষে বিপক্ষে হাজার যুক্তি দেখায়।
আমরা সাধারণ বাঙালি বাধ্য হয়ে সহ্য করি নেতামন্ত্রীর শোষণ ভাষণ।
অসহায় বাঙ্গালী মরছে ডুবে দুর্নীতির সমুদ্রে-তারা জানে না সন্তরন।
লক্ষ লক্ষ বঞ্চিত বুকে ফেনায়িছে পুঞ্জিত অভিমান- নেই কোন সমাধান।

আমাদের সোনার বাংলা- তুমি আজ কত দুরে?
এই বাঙলা শেষ হয়ে গেছে, রয়েছে শুধু শোষণ দুর্নীতি নির্যাতন।
দুর্নীতি-তুফান অতি ভয়ঙ্কর, এর থেকে বাঙ্গালীর নেই কোন উত্তরণ।
বাংলার হাল ধরিতে পারে আজ নেই কোন সৈনিক জোয়ান।
সাধারন বাঙ্গালীর নেই কোন হিম্মৎ যে তারা বাঁচাবে সন্তানের ভবিষ্যৎ।
দুর্বল ও স্বার্থান্বেষী বাঙ্গালী শুধু করে হানাহানি, নেই কোন বলিদান।
বাংলার ভবিষ্যৎ ডুবিবে নিশ্চয়; নেই কোন পরিত্রাণ।

২; বাঙলার শিক্ষা হয়েছে ধূলিসাৎ

শিক্ষার নামে শিক্ষা আছে আগের মত শিক্ষা নাই।
শিক্ষা নিয়ে নেতামন্ত্রী, আমলা, বড়লোক ব্যবসা করছে সবাই।
যদিও তাদের রয়েছে টাকার পাহাড় তবুও তাদের আরও টাকা চাই।
এই বাঙলার শিক্ষা শেষ হয়ে গেছে, বাকী আর কিছুই নাই।

শিক্ষাক্ষেত্র অনেক আছে, নেই শিক্ষক, নেই সঠিক শিক্ষা;
হাজার হাজার যোগ্য শিক্ষক এখন রাস্তায় বসে চাইছে ভিক্ষা।
তাদের হকের চাকরী অশিক্ষিত অযোগ্যরা কিনে নিয়েছে;
বিনিময়ে তারা নেতা-মন্ত্রীদেরকে লক্ষ লক্ষ টাকা ঘুষ দিয়েছে।
হাজার হাজার ভুয়ো শিক্ষক এই রাজ্যে অবাধে চাকরী করছে।

চোর শিক্ষকে রাজ্য ভরে গেছে, সমাজে তাদের বিশাল সম্মান
তারা যে নেতামন্ত্রী আমলাদের দিচ্ছে অনেক অনেক টাকার জোগান।
যোগ্য শিক্ষক ধর্ণা দিচ্ছে রাজপথে বছরের পর বছর হকের দাবিতে।
তাদের ঐ প্রতিবাদ ধর্ণা বাঙলার সরকার করছে দমন কঠোর আঘাতে।
ধর্ণায় বসে যোগ্য শিক্ষকেরা খাচ্ছে মার নির্বিচারে পুলিশের হাতে।

স্কুল শিক্ষকের চাকরী-বিক্রি ব্যবসা চলছে এই বাঙলায় বহু দশক ধরে।
কোটি কোটি টাকার চাকরী-চুরির ব্যবসা প্রথম প্রকাশ করেন সাহস করে;
হাইকোর্টের কিছু সনাম ধন্য বিচারপতি অনেক বছর পরে।
ঈশ্বরতুল্য ঐ বিচারপতিদের অদম্য প্রয়াসকে সকলে কুর্ণিশ করে
তাঁদের প্রয়াসে পাহাড় প্রমান নিয়োগ দুর্নীতি এসেছে জনসমক্ষে।

হায় হায় সংবাদপত্র, বুদ্ধিজীবির দল নিজেদের স্বার্থান্বেষণে;
নীরব রয়েছে এতবড় শিক্ষক নিয়োগ-দুর্নীতি ও জালিয়াতি জেনে।

হারিয়েছে তারা সকল বিদ্যা, বুদ্ধি, সাহস শক্তি সত্যের পথে লড়তে।
নীরবে রয়েছে পাছে যদি তারা জীবিকা হারায় নেতামন্ত্রীর বিরুদ্ধে গিয়ে।

বুদ্ধিজীবির দল সব দেখেও দেখে না কিছু
সব শুনেও শুনে না কিছু শুধু নিজের স্বার্থের কথা ভেবে।
হাজার হাজার অসহায় যোগ্য শিক্ষকরা মরছে অনাহারে।
ভাবছে না কেউ বাঙলার সন্তানেরা বাঁচবে কেমন করে।

বিশেষ বিশেষ ক্ষেত্রে নিজেদের কেবল স্বার্থের কথা চিন্তা করে
আমাদের বুদ্ধিজীবিরদল মোমবাতি হাতে নিয়ে প্রতিবাদ করে।
কিন্তু রাজ্যে শিক্ষার চুড়ান্ত সর্বনাশ দেখে তারা নীরবে থাকে নির্বিকারে।
পেট চালাতে বা পুরস্কার পেতে তারা কেবল নেতামন্ত্রীর জয়গান করে।

নেতামন্ত্রীর লোভ লালসার দাবানলে বাঙলার শিক্ষা পুড়ে ছাই হয়ে গেছে।
হাজার হাজার যোগ্য শিক্ষক নির্বিচারে পুলিশের হাতে মার খেয়ে মরছে।
কে জানে বাঙলার ভয়াবহ শিক্ষা ব্যবসা, নিয়োগ দুর্নীতি কবে শেষ হবে।
মানুষ-হওয়ার শিক্ষা না পেলে বাঙলার সন্তানেরা বাঁচবে কি ভাবে।

কোর্টের নির্দেশে চল্লিশ হাজার ভুয়ো শিক্ষকের চাকরী বাতিল হয়ে গেল।
আরও কত হাজার ভুয়ো শিক্ষক এখনো রয়েছে তা অজানা রয়ে গেল।
শিক্ষা-দুর্নীতি ও চাকরী বাতিল নিয়ে কিছু সংবাদপত্র সরব হয়েছিল।
নিয়োগ দুর্নীতি নিয়ে বুদ্ধিজীবীর আলোড়ন ও আন্দোলন কোথায় গেল?

নিয়োগ দুর্নীতি রুখতে ও যোগ্য শিক্ষকদের চাকরি ফিরিয়ে দিতে।
উচ্চ আদালত রায় দিয়েছেন নিয়োগ দুর্নীতি সঠিক তদন্ত করতে।
উচ্চ আদালতকে চ্যালেঞ্জ করে অযোগ্যদের চাকরি বাঁচাতে সরকার;
কোটি কোটি টাকা খরচ করে শীর্ষ আদালতে যাচ্ছে বারবার।

কয়েক দশক ধরে রাজ্যের শিক্ষা-দুর্নীতি অবাধে চলেছিল।
শিক্ষা-দুর্নীতি মানুষের কাছে প্রচলিত ও স্বকৃত হয়েগিয়েছিল।
বড়লোক বাবা মা লক্ষ্য লক্ষ্য টাকা ঘুষ সন্তানদের চাকরি কিনেছিল।
গরীব লোকের সুশিক্ষিত সন্তান ঘুষ দিতে না পেয়ে অনাহারে মরছিল।

এই চক্র কয়েক দশক ধরে বহাল তবিয়তে এই রাজ্যে অবাধে চলেছিল।
শুধু ভেবেছিল নিজের স্বার্থে; ভাবেনি প্রজন্মের কথা স্বার্থান্বেষীরদল
ছিল না আলোড়ন; ছিল গন-আন্দোলন; নিয়োগ দুর্নীতি সমানে চলেছিল।
হাইকোর্ট বিচারপতির মহান প্রয়াসে দুর্ভেদ্য চক্র প্রথম ভাঙ্গল।
যোগ্য শিখকেরা আশার আলো দেখতে লাগল; বিচার ব্যবস্থায় আস্থা এল।

দীর্ঘকালের নেতামন্ত্রীর শিক্ষকের চাকরী বিক্রির ব্যবসার ফলে;
রাজ্যের শিক্ষা ধ্বংস হয়ে চলে গেছে অতল তলে।
শিক্ষামন্ত্রী বহু আমলা এখন রয়েছে আলিপুর কারাগারে।
রাজ্যের শিক্ষা ব্যবস্থা শেষ হয়ে গেল একেবারে;

হাজার হাজার প্রাইমারীস্কুলে পড়াশুনা প্রায় বন্ধ হয়ে গেছে।
বহু স্কুলে ছাত্র সংখ্যা প্রায় শূন্য হয়ে গেছে।
শিক্ষকের অভাবে আরো অনেক স্কুল হয়ত বন্ধ হয়ে যাবে।
এইভাবে বাংলায় শিক্ষাব্যবস্থা অতলে তলিয়ে যাবে।

হাজার হাজার প্রাইভেট স্কুল ব্যাঙের ছাতার মত ফুলে ফেঁপে উঠেছে।
অর্থবান অথবা গ্রামের মোড়লমশায় প্রাইভেট স্কুলে ব্যবসা চালাচ্ছে।
তাদের পড়াশুনা নেই ত কি আছে, তাদের অনেক পয়সা ও বুদ্ধি রয়েছে।
পয়সা ও ক্ষমতা বলে বেকার যুবকদের শিক্ষকের পদে নিয়োগ করছে।
তারা দাবি করে ঐ স্কুলে ছাত্রের বিদ্যাশিক্ষা না হলেও, ব্যবসায়ে পুটু হবে।
বড়লোক সুবিধাবাদীর দল প্রাইভেট স্কুল খুলে চুটিয়ে ব্যবসা চালিয়ে যাবে।

এবার আসি শিক্ষার ধ্বংস-লীলায় শিক্ষকের ভূমিকার কথায়।
স্কুল কলেজে না পড়িয়ে কিছু শিক্ষক অবাধে কোচিং সেন্টার চালায়।
ছাত্রছাত্রীরা যে যত কোচিং এ যায়, তাদের পরীক্ষায় ফল তত ভাল হয়।
স্কুল পালিয়ে বড়লোকের ছেলে কোচিং সেন্টারে পড়তে যায়।
গরীব ছেলে মেয়ের হতাশায় দিন কাটায়।

অনেকদিন ধরে স্কুল কলেজের পড়াশুনা প্রায় উঠেই গেছে;
এখন বড়লোক ছাত্রদের নিয়ে কোচিং সেন্টার রমরমিয়ে চলছে।
কোচিং সেন্টার বন্ধ করে কার ক্ষমতা; নেতামন্ত্রী রয়েছে তাদের পিছে।
বাংলার শিক্ষা ধ্বংস হয়ে একেবারে ধূলিসাৎ হয়ে গেছে।

স্কুলের শিক্ষা ধ্বংস হয়েছে শিক্ষা ব্যবসা আর নিয়োগ দুর্নীতিতে।
কলেজ উনিভারসিটির শিক্ষা ব্যবস্থা ধ্বংস হচ্ছে রাজ্য-রাজনীতিতে।
উপাচার্য নিয়োগ নিয়ে রাজ্য-রাজ্যপাল সংঘাতের সুর সপ্তমে পৌঁছেছে।
শিক্ষামন্ত্রী রাজ্যপালকে 'রক্তশোষক পিশাচ'-এর সঙ্গে তুলনা করেছে।

১৬টি বিশ্ববিদ্যালয়ে রাজ্যপালের উপাচার্য নিয়োগ সংঘাতের কারনে;
শিক্ষার সমস্যার কথা ভেবে রাজ্যপাল বাধ্য হয়ে উপাচার্য নিয়োগ করেন।
ফলে আক্রমণ-প্রতি আক্রমণে রাজভবন-নবান্ন সংঘাত চরমে উঠেছে।
রাজ্য-রাজ্যপালের সংঘাতে বিশ্ববিদ্যালয়ের শিক্ষা আকাশে উঠেছে।

উপাচার্য নিয়োগ নিয়ে রাজ্য-রাজ্যপাল সংঘাত সুপ্রিম কোর্টে গেছে।
সুপ্রিম কোর্টের নির্দেশে উপাচার্য নিয়োগ বিসয়ে সার্চ কমিটি গঠন হচ্ছে।
জানে না কেউ- রাজ্য-রাজ্যপালের ভয়াবহ সংঘাত কবে শেষ হবে।
ভবিষ্যতে বাঙলার উচ্চ-শিক্ষা ব্যবস্থা কবে ঠিক হবে।

জাতীয় শিক্ষানীতি ও রাজ্য শিক্ষানীতি নিয়ে সম্প্রতি সংঘাত বিস্তর।
কেন্দ্রের জাতীয় শিক্ষানীতি ইগোতে গ্রহণ করেনি রাজ্য সরকার।

ছাত্রছাত্রীর কথা ভেবে রাজ্যের নতুন শিক্ষানীতি তৈরি হয়েছে।
শিক্ষানীতি নিয়ে রাজ্য ও কেন্দ্রের মধ্যে সংঘাতও এখন চরমে উঠেছে।

ছোট বেলায় পড়েছি পুস্তক আর শিক্ষা জীবনের সর্বশ্রেষ্ঠ বন্ধু।
অভাগা বাঙালি সন্তান আজ সেই বন্ধুকে হারিয়েছে।
তারা জ্ঞানের আলোক থেকে অশিক্ষা কুশিক্ষার অন্ধকারে ডুবে গেছে।
নানা কারণে রাজ্যের শিক্ষা-ব্যবস্থা প্রায় ধূলিসাৎ হয়ে গেছে।

সমাজে বিত্তশালীর দল, শিক্ষা নেই বলে অর্থের অহংকার করে।
স্কুল নির্মাণ করে অথবা নিজের নামে গরীবছাত্রদের অনুদান করে।
শিক্ষায় অনুরাগের ভান করে শিক্ষা ব্যবসায় বাজীমাৎ করে।
তাদের স্বার্থের লেলিহান শিখায় বাংলার শিক্ষা পুড়ে ছাই হয়ে গেছে।

৩; স্বাধীনতা তুমি কার?

জ্ঞান ও বুদ্ধি করে ঝগড়া ঝাটি; দেশবাবাসী কি সত্যি স্বাধীন!
জ্ঞান বলে- দেশ যখন স্বাধীন, দেশবাবাসী কি করে হয় পরাধীন?
বুদ্ধি বলে-ভারত স্বাধীন হলেও, সকল দেশবাসী এখনও হয়নি স্বাধীন।
জ্ঞান বলে- এ আবার কি কথা- দেশ স্বাধীন, দেশবাসী রয়েছে পরাধীন।
এ কথা অর্থহীন; একেবারে মুল্যহীন।
বুদ্ধি বলে- প্রশ্ন জাগে মনে- স্বাধীনতা তুমি কি সত্যি সবার?

ভারতের স্বাধীনতা দেশের নেতা মন্ত্রীকে দিয়েছে শোষণের ক্ষমতা।
শোষণের বিরুদ্ধে বলার দেশবাসীর নেই কোন বাক-স্বাধীনতা।
স্বাধীনতা তুমি রয়েছ শুধু নেতা মন্ত্রীর শোষণে দমনে।
নেই কি তুমি গরীবের আহার, নিদ্রা ও বাসস্থানে?
মরছে প্রতিদিন কোটি কোটি মানুষ পথে ঘাটে অসুখে আর অনাহারে।
যদিও তারা দিনরাত খাটে বড়লোক আর নেতামন্ত্রীদের তরে।
তাই প্রশ্ন জাগে মনে- স্বাধীনতা তুমি কার?
স্বাধীনতা তুমি কি শুধু বড়লোক নেতামন্ত্রীর, নয় কি সবার?

এতকাল শুনেছি, গরীবরা পেটের দায়ে বড়লোকের টাকা চুরি করে।
এখন রাজামন্ত্রী আমলা সবে স্বাধীনভাবে গরীবের সর্বস্য চুরি করে।
নিয়োগ, শিক্ষা, রেশন দুর্নীতি করে নেতামন্ত্রীরা টাকার পাহাড় করে।
অবাধে তারা কয়লা-বালি-আবাস চুরি শিক্ষকের চাকরি চুরি করে।
নেতামন্ত্রী মানে না আদালতের বিচার; নাই তোয়াক্কা মানুষের তিরস্কারে।
তারা CBI, EDকে অপদার্থ, অযোগ্য বলে প্রতিনিয়ত গালাগালি করে।
স্বাধীনতা তুমি কার? তুমি কি শুধু বড়লোক নেতামন্ত্রীর, নয় কি সবার?

নেতামন্ত্রীর শোষণ, নির্যাতনের বিরুদ্ধে মানুষ যদি পুলিশের কাছে যায়।
পুলিশ প্রায় নেয় না FIR; মানুষকে হতাশ হয়ে ফিরে আসতে হয়।
নেতামন্ত্রীর বিরদ্ধে বেশি কথা বললে সাধারণ মানুষকে গুলি খেতে হয়।
কখনো বা অভিযোগ কারিকে ভুয়া কেসে জেলে যেতে হয়।
এইভাবে সাধারন মানুষ বাক-স্বাধীনতা হারিয়ে, শুকিয়ে মারা যায়।
নেতামন্ত্রী পুলিশের সাহায্য নিয়ে অবাধে শোষণ চালিয়ে যায়।
স্বাধীনতা তুমি কার? তুমি কি শুধু বড়লোক নেতামন্ত্রীর, নয় কি সবার?

নেতামন্ত্রীর অকথ্য শোষণ, নির্যাতন ব্রিটিশরাজের শোষণকে মানায় হার।
পরাধীন ভারতে সাধারণ মানুষের পুলিশে কাছে যাওয়ার ছিল অধিকার।
বিগত কয়েক বছর বাংলায় নিয়োগ দুর্নীতির ঝড় উঠেছে ।
হাজার হাজার শিক্ষকের হকের চাকরি টাকার বিনিময়ে বিক্রি হয়েছে।
আদালতের নির্দেশ সিবিআই, ই ডি এ বিষয়ে তদন্ত শুরু করেছে।
হাজার হাজার যোগ্য শিক্ষক পথে বসে কাঁদছে; অনাহারে মরছে।
স্বাধীনতা তুমি কার? তুমি কি শুধু বড়লোক নেতামন্ত্রীর, নয় কি সবার?

ভারতের ৭৭তম স্বাধীনতা দিবস অনেকে সমারোহে করেছি উদযাপন।
কিন্তু স্বাধীনতার সুযোগ সুবিধা আমরা পেয়েছি কজন।
দেশের কোটি কোটি মানুষ সারাদিন খেটেও দু বেলা পায়না খেতে।
কজের জন্য হাজার হাজার গরীবমানুষকে ভিন রাজ্যে হয় যেতে।
গরীব অসহায় মানুষ কি জানে স্বাধীনতা কি, স্বাধীনতা কেমন দেখতে।
আজকের সমাজে চারিদিকে শুধু শোষণ, ধর্ষণ, অত্যাচার, অনাহার।
স্বাধীনতা তুমি কার? তুমি কি শুধু বড়লোক নেতামন্ত্রীর, নয় কি সবার?

পরাধীন ভারতে স্কুল কলেজে ছিল শিক্ষা, শৃঙ্খলা, ছিল আইনের শাসন।
আজ সমাজে শিল্প শিক্ষা সংস্কৃতি শেষ হয়ে গেছে; চলছে অপশাসন।
ধর্ষণ, লুটতরাজ, দুর্নীতি, হত্যা ও শোষণে সমাজ ভরে গেছে।
ধনী আরো ধনী হয়েছে, কোটি কোটি গরীব মানুষ অনাহারে মরছে।
ভুলেছি নেতাজী, অরবিন্দ, ক্ষুদিরাম, সূর্য সেনের মত হাজার বীর সন্তান।

স্বাধীনতার জন্য যারা দিয়েছিল প্রান, করেছিল সবকিছু বলিদান।
স্বাধীন ভারতে পেয়েছে কি মানুষ শিক্ষা, কর্ম ও শান্তিতে বাঁচার অধিকার?
স্বাধীনতা তুমি কার? তুমি কি শুধু বড়লোক নেতামন্ত্রীর, নয় কি সবার?

সন্ত্রাস চালিয়ে নেতামন্ত্রী কেড়ে নিয়েছে মানুষর ভোটাধিকার।
কারচুপি করে ছপ্পা ভোট করে তারা ইলেকশনে জেতে বারবার।
ইলেকশনে জিতে অবাধে চালায় শোষণ আর অত্যাচার।
ভোটের আগে নেতামন্ত্রী হাতজোড় করে মানুষের কাছে ভিক্ষা চায়।
ইলেকশনে জেতে তারা সন্ত্রাস, শোষণ, অত্যাচার বাড়ায়।
নেতামন্ত্রীর সন্ত্রাস, শোষণ, অত্যাচার রোকার আমাদের ক্ষমতা কোথায়?
সাধারণ মানুষ ভয়ে মুখ বুঝে থাকে, অপরাধের নেই কোন বিচার।
স্বাধীনতা তুমি কার? তুমি কি শুধু বড়লোক নেতামন্ত্রীর, নয় কি সবার?

স্বাধীন ভারতে নারীদের নেই কোন স্থান, তারা আজ বড় অসহায়।
অসহায় রমণী মরছে দিনরাত স্বামী নির্যাতনে, দুর্বিত্তের লোভ, লালসায়।
ভুলে গেছে মানুষ স্বাধীনতা সংগ্রামে নারিদের ছিল অনেক অবদান।
রানী লক্ষ্মীবাই, প্রীতিলতা ওয়াদ্দেদার মত অসংখ্য নারীর ছিল বলিদান।
স্বাধীন ভারতে বেড়েছে নাবালিকা ধর্ষণ, বধূ হত্যা, নারী পায় না বিচার।
নারী নির্যাতনে উঠে না প্রতিবাদ, মুখ বুঝে নারী সহিছে সকল অত্যাচার।
স্বাধীনতা তুমি কার? তুমি কি শুধু বড়লোক নেতামন্ত্রীর, নয় কি সবার?

স্বাধীনতা তুমি কি সত্যি না স্বপ্ন- এখনও হয়নি পরিষ্কার।
যদি সত্যি হও, তবে কেন বাড়ছে শোষণ, ধর্ষণ, হত্যা, অত্যাচার।
তবে কেন শেষ হয়ে গেছে শিক্ষা, সংস্কৃতি, মানুষের ভোটাধিকার?
তবে কেন নেই অন্যায় অপরাধের শাস্তি; নেই কোন বিচার।
স্বাধীনতা তুমি যদি সত্যি হতে; অন্যায় অপরাধের হত শাস্তি, হত বিচার।
বাড়ত না সমাজে এত শোষণ, ধর্ষণ, হত্যা আর অত্যাচার।
স্বাধীনতা তুমি কার? তুমি কি শুধু বড়লোক নেতামন্ত্রীর, নয় কি সবার?

স্বাধীনতা তুমি প্রেম না ভয়; তুমি সাম্য না বৈষম্য?
যদি হও প্রেম তবে কেন মানুষ রয়েছে ভয়ে ও আতঙ্কে।
যদি হও তুমি সাম্য- তবে কেন এত বৈষম্য, সন্ত্রাস, শোষণ।
একদল মানুষ থাকে প্রাসাদে আর টাকার পাহাড়ে।
লক্ষ্য লক্ষ্য কেন মানুষ অনাহারে ফুটপাতে ও পথে ঘাটে মরে।
তাদের খবর কেবা রাখে বা সরকার কি চিন্তা করে।
স্বাধীনতা তুমি কার? তুমি কি শুধু বড়লোক নেতামন্ত্রীর, নয় কি সবার?

নেতামন্ত্রীরা ভুলে গেছে কিভাবে পেয়েছি আমাদের বহু ঈপ্সিত স্বাধীনতা।
হয়ত পড়েনি তারা মহাপ্রানদের আত্ম বলিদানে পেয়েছি এই স্বাধীনতা।
স্বাধীনতা দিবসে উঁচু বাঁশের উপর তারা ভারতের জাতীয় পতাকা উড়ায়;
জাতীয় সঙ্গীত বাজায়; তাদের রাজনৈতিক দলের কথায় ঝড় তুলে দেয়।
মহাপ্রানদের আত্ম বলিদানে কথা তারা বলতে ভুলে যায়?
নিজেদের কীর্তন গায় আর আর মানুষ বোকা বানায়;
স্বাধীনতা তুমি কার, তুমি কি শুধু বড়লোক নেতামন্ত্রীর, নয় কি সবার?

আজ স্বাধীনতা শুধুই কাগজে কলমে আর তারিখে রাঙ্গানো ক্যালেন্ডার
স্বাধীনতা হয়েছে শুধু প্রভাত ফেরী পতাকা উত্তলন, কিছু গান গাওয়া।
স্বাধীনতা হয়েছে দুর্নীতি গ্রস্থ নেতা মন্ত্রীদের ভাষণ দেওয়া।
যদিও তারা দেয়নি মানুষকে স্বাধীন ভাবে বেঁচে থাকার অঙ্গীকার।
স্বৈরাচারী শোষণকারী নেতামন্ত্রী ধ্বংস করেছে মানুষের ভোটাধিকার।
তারা মানে না, গণতন্ত্রের প্রথম সোপান মানুষের ভোটাধিকার।
স্বাধীনতা তুমি কার? তুমি কি শুধু বড়লোক নেতামন্ত্রীর, নয় কি সবার?

৪; সত্য মিথ্যার সংলাপ

সত্য মিথ্যা দুটি ভাই- তাদের সংলাপের যেন আদি অন্ত নাই।
সত্য মিথ্যা আমাদের মনে নিত্য করে ঠাণ্ডা লড়াই।
সত্য ভীষণ সাদা বলে –সে বেশি করে না বড়াই।
মিথ্যা চতুর ভীষণ – তর্ক ধরলে, থামে না মোটেই।
সত্য মিথ্যা সংলাপে কিছুটা বাস্তবের ইঙ্গিত পাই।
তাই তাদের শব্দহীন সংলাপ মনে মনে শুনে যাই।

সত্য বলে; আমায় মানুষ প্রশংসা করে; মিথ্যাকে ঘৃণা করে।
তবুও মানুষ মিথ্যা বলে; মানুষের কথার সাথে কাজের মিল কই?
মিথ্যা বলে; ঠিক বলেছ ভাই, লোক প্রকাশ্যে আমায় ঘৃণা করে।
নিজের স্বার্থ আদায় করতে তারাই বেশি মিথ্যা বলে।
সত্য বলে; রাতদিন নানা অজুহাতে মানুষ মিথ্যার সাথে চলে।
মিথ্যা কথা বলা পাপ' একথা জেনেও মানুষ মিথ্যা কথা বলে।
মিথ্যা বলে; আমার পথ ধরে মানুষ জীবনের উচ্চ শিখরে উঠে।
তাইত মানুষ আমার মায়াজালে পড়ে।

সত্য বলে; স্বার্থ সিদ্ধি করতে মানুষ মিথ্যাকে আঁকড়ে ধরে;
'সত্যমেব জয়তে' বেদান্তের এই বানী ভুলে গিয়ে।
মিথ্যা বলে; 'সত্যমেব জয়তে' এটা অনেকের ছল আর ভান।
বলতে পার তুমি- সত্যের জন্য কজন দিয়েছে প্রান।
সত্য বলে; বিবেকানন্দ বলেছেন-"সত্যের জন্য সব ত্যাগ করো।
মিথার জন্য কোন কিছু নয়।
মিথ্যা বলে; এ কথা সন্ন্যাসীর জন্য ঠিক; বড়লোকদের জন্য নয়।

সত্য বলে; জানি আমি, সত্যমেব জয়তে' নেতামন্ত্রীর ভাষণের বানী;
তাদের জীবনে সত্যের মুল্য কিছুই নাই।

মিথ্যা বলে; ঠিক বলেছ ভাই, বিত্তশালীর কাছে আমি হীরার থেকে দামী। তাদের কাছে মুল্যহীন তুমি।
সত্য বলে; বড়লোকেরা মুখে সুধু 'সত্য, সত্য' করে;
সুযোগ পেলে সত মানুষকে নিয়ে ভীষণ পরিহাস করে।
মিথ্যা বলে; দুঃখ করো না ভাই, বড়লোক তোমায় দেখে পরিহাস করে।
তাদের দেখে গরীব লোকও আমায় ধরে বড় হওয়ার স্বপ্ন দেখে।

সত্য বলে; দুঃখ শুধু এই; প্রায় সব মানুষই মিথ্যার জালে জড়িয়ে গিয়ে;
অন্তিমকালে জ্বলে পুড়ে মরতে থাকে দুঃখ, কষ্ট হতাশা নিয়ে।
মিথ্যা বলে; সত্যি কথা; আমার জালে পড়লে ধরা, ধ্বংস তারা হবেই।
যতই তুমি দাও ভরসা, তোমার পথ নেবে তারা। আমার জালে আসবেই।
সত্য বলে; সত্য ছেড়ে যদি মিথ্যার পথে চলে ধ্বংস তার নিশ্চিত হয়।
সত্যের পথে যারা চলে, আজ নাই ত কাল তাদের নিশ্চিত হয় জয়।
মিথ্যা বলে; ভাই সত্য, যতই তুমি তোমার শক্তি নিয়ে বড়াই কর; আমার দুর্গ অনেক বড়। সেই দুর্গ ভেদ করে তোমার কাছে যাওয়া মানুষের পক্ষে কঠিন বড়।
সত্য বলে; মিথ্যা ক্যানসারের মত নিমেষে গোটা জীবনে ছড়িয়ে যায়।
সত্যকে তখন যায়না ধরা একবার যদি মিথ্যার বাসা মনে বেঁধে যায়।
মিথ্যা বলেঃ সত্য মিথ্যা নিয়ে এই সংসার; তাই সংসারে যেমন তোমার স্থান। তেমনি রয়েছে আমার স্থান; মানুষ ঠিক করুক তাদের অবস্থান।
সত্য বলে; ঠিক বলেছ ভাই, তুমি আমি থাকি পাশাপাশি; তোমার আমার কি আসে যায়। মানুষ ঠিক করুক –সে সত্যের পথে শান্তি পাবে; না মিথ্যার পথে ধ্বংস হবে; সম্মান নিয়ে বাঁচবে; না ঘৃণা নিয়ে মরবে।
মিথ্যা বলেঃ জানি আমি, তোমায় ধরে রাখলে পরে জীবনে শান্তি পাওয়া যায়। আমার জালে জড়ালে পরে প্রথমে সুখ হবে; পরে নিশ্চিত কষ্ট হয়।
সত্য বলে; মিথ্যার পিছনে পড়ে থাকলে পরিশেষে রাস্তায় বা কারাগারে স্থান হয়।কিন্তু আমায় সাথ নিলে পরে ঈশ্বরের স্থান মানুষের হৃদয়ে হয়।
মিথ্যা বলেঃ এসব কথা সবাই জানে, জেনেশুনে রথী মহারথী অনেক আমার জালে জড়িয়ে পড়ে।তাই দুর্নীতির অভিযোগে রাজ্যের বহু নেতামন্ত্রীর স্থান হয়েছে আজ আলিপুর জেলে বা দিল্লির তিহার জেলে।

সত্য বলে; আমি সূর্যের মত দীপ্তময়; সর্বলোকে থাকি; মানুষ বোঝে না আমি কি করি? মানুষ এখন ণামাবলী গায় দিয়ে কপালে তিলক দিয়ে সদাই মিথ্যা বলে।

মিথ্যা বলেঃমানি তোমার কথা মানি; সব জেনেশুনে মানুষ যদি আমাকে ধরে থাকে শেষ জীবনে তারা জ্বলে পুড়ে মরে; আমি কি করব শুনি।

সত্য বলে; সত্য মানুষকে পুণ্যের পথ দেখায়; পুণ্য মুক্তির পথ দেখায়।

মিথ্যা মানুষকে পাপের পথ দেখায়; পাপ জাহান্নামে নিয়ে যায়।

মিথ্যা বলেঃ পাপ-পুন্যের কথা যখন বললে; তুমি বল স্বাধীনতা সংগ্রামীরা অনেক মিথ্যা বলেছে। তাহলে তারা কি সব জাহান্নামে গেছে।

সত্য বলে; শোন, সত্যের তরে মিথ্যা যে বলে পাপ তারে স্পর্শ নাহি করে। স্বাধীনতা সংগ্রামীরা মিথ্যা বলেও, সত্যনিষ্ঠ তারা দেশমাতার মুক্তির তরে। যদিও তারা স্বাধীনতার জন্য মিথ্যা বলেছে, তবুও তারা সত্যনিষ্ঠ বীর

মিথ্যা বলেঃ দারুন বলেছ ভাই, সত্যকামের নমস্য যারা স্বাধীনতা সংগ্রামী বীর। হাসতে হাসতে তারা প্রান দিয়েছে ব্রিটিশের কাছে করেনা নত শীর।

সত্য বলে; সত্যনিষ্ঠ সহজ কথা নয়; যে ব্যক্তি বাক্যে কর্মে ও চিন্তায় সত্য নয়; সে প্রকৃত সত্যনিষ্ঠ নহে। সত্যনিষ্ঠ হতে হলে সাহসের প্রয়োজন হয়।

মিথ্যা বলেঃ অর্ধসত্য কথা মিথ্যার নামান্তর ঈশ্বর কথা বলে; তবুও মানুষ অর্ধসত্য কথা বলে সত্যের বড়াই করে।

সত্য-মিথ্যার সংলাপে এই শিক্ষা পাই;

জালিয়াতি আর দুর্নীতি করে অনেকে হয়েছে সমাজপতি।

তাই সত্যের প্রতি মানুষ হারিয়েছে শ্রদ্ধা ভক্তি।

মিথ্যের মায়াজালে জড়িয়ে মানুষের জীবন হয়েছে দুর্বিষহ।

তবুও মানুষ মিথ্যা বলছে অহরহ।

যারা পেয়েছে সত্যের সাদ; তারা ছাড়ে না সত্যের সাথ।

জীবনের দুঃখের অন্ত থাকে না যারা মিথ্যার সাথে মিলায় হাথ।

৫; দেহ ও মনের সংলাপ

দেহ বলে আমি বড়, মন বলে আমি।
তাদের সংলাপ রাতদিন শুনতে থাকি আমি।
সেই সংলাপের কিছুকথা লিখছি হেথায়;
যদিও অনেকে জানে এসব কথা- আমি জানি।

দেহ বলে- ছুটে দৌড়ে রাতদিন কাজ করি আমি;
সারাদিন আমার ভিতর থাকো বসে চুপটি করে তুমি।
মন বলে- সারাদিন চিন্তা করি আমি, বসে থাকি না চুপটি করে;
স্বপ্নের মধ্যেও আমি কাজ করি যখন তুমি ঘুমাও আরাম করে।
দেহ বলে–তুমি যে সারাদিন কাজ কর দেখে না কেউ কোনভাবে;
ভাল-মন্দ আমি যা কিছুই করি, সকলে দেখে দু চোখ দিয়ে।

মন বলে- আমি যাহাই বলি, তাহাই তুমি মুখ বুঝে কর;
আমি ছাড়া তোমার গতি কোথায় বল; তবে কেন এত বড়াই কর?
দেহ বলে- সবাই কি চিন্তা করে? অনেকে চিন্তা না করেও বেঁচে থাকে।
যেমন পশুরা করে না চিন্তা, তবুও তারা ভালভাবে থাকে।
মন বলে-পশুরা চিন্তা করে না-এ কথা শুধু বোকারাই বলে।
সকল পশুর মন রয়েছে, তারা ভালভাবে থাকে চিন্তা করে বলে।

দেহ বলে - পশু চিন্তা করে না এ কথা অনেক লোকে বলে।
মন বলে- যেনে রেখো, পশুদের প্রভু মানুষ; তোমার প্রভু আমি।
আমি যা কিছু বলি, সেটাই কর তুমি।
দেহ বলে-এটা ঠিক-আমার প্রভু তুমি;
কিন্তু এটা ঠিক নয় তোমার সব কথা শুনি আমি।
মন বলে- প্রমান আছে, তুমি করেছ কিছু আমায় অবজ্ঞা করে?
দেহ বলে- অনেক প্রমান আছে; বুঝতে পারনি তুমি কোনভাবে।
মন বলে- বল শুনি, আমায় অবজ্ঞা করে তুমি কি করেছ কবে?

দেহ বলে; তুমি আমায় কাজ করতে বল যখন তখন না ঘুমিয়ে;
ঘুম পেলে আমি ঘুমিয়ে পড়ি তোমার কথা এড়িয়ে গিয়ে।
তুমি সদাই বল; পাপা হবে যদি চুরি করি বা মিথ্যা বলি।
তোমার কথা না মেনে, সুযোগ পেলে চুরি করি বা মিথ্যা বলি।
মন বলে- চুরি করে ধরা পড়লে, তোমায় লোকে ধরে মারে
আমি সুক্ষ, তাই হয় না কিছুই আমার, তোমাকে যখন মারে ধরে।

দেহ বলে; আমার গতি-বৃদ্ধি আছে; তোমার গতি-বৃদ্ধি কিছুই নাই।
মন বলে; তুমি পায়ে হাঁটো, তোমার গতি এমন কিছুই নাই।
আমি যদিও তোমার মধ্যে থাকি, আমার গতির তুলনা নাই
আমার গতি আলো বা শব্দের থেকে অনেক বেসি।
মুহূর্ত মধ্যে লন্ডন, আমেরিকা এমন কি চাঁদ থেকে ঘুরে আসি।
দেহ বলে; নব্বই ভাগ পুরুষের কাছে দেহ টাই সবকিছু; মনের দাম নাই।
মন বলে; পুরুষ-নারীর কথা তুললে যখন, একটা কথা মন দিয়ে শোন।
একটা মেয়ে যাকে মন দিয়ে থাকে, তাকেই শরীর দিয়ে থাকে। কোন
পুরুষ যদি মেয়ের মন না পায়; যদি জোর করে দেহ চায়; তখন সেটা
ধর্ষণ ছাড়া কিছুই নয়।

দেহ বলে; আমার রূপ, সৌন্দর্য আছে তাই সকলে আমায় দেখতে থাকে;
মন, তোমার কি আছে বল যে জন্য তোমায় দেখবে লোকে?
মন বলে; মানি আমি, আমার রূপ, সৌন্দর্য নাই।
কিন্তু আমার সৃজন-শক্তি আছে- যেটা ভীষণ বিরল ভাই।
দেহ বলে; তোমার রয়েছে সৃজন-শক্তি এটা লোকে বলে।
আমায় ছেড়ে তুমি করনি কোন সৃষ্টি- এটাও আবার সবাই বলে।
তাই সৃষ্টির পরে, আমি বরমাল্য পরি, মানুষ তখন তোমায় খোঁজে কই।
মন বলে; এটাই আমার দুর্ভাগ্য, দিনরাত চিন্তা করি, আমার বিশ্রাম নাই।
সাফল্যে সকলে তোমায় দেখে, আমায় চিনে কই।

দেহ বলে; রূপ, রস, সুগন্ধে ভরা আমার সারা অঙ্গ।
কজন বুঝে দিনরাত তুমি গভীর চিন্তায় মগ্ন।
মন বলে; ত্যাগই আমার আদর্শ; যোগ আমার ধর্ম।
তোমার আদর্শ ভোগ। আহার বিহার- এসব তোমার কর্ম।
দেহ বলে; আগে ভোগ, পরে ত্যাগ; ভোগের পর হবে আমার দেহ-ত্যাগ।
মন বলে; আমি মুক্ত বিহঙ্গের মত উড়তে পারি, তুমি কি তা পার?
মাঝে মধ্যে উড়ে যাই আমি ঊর্ধ্ব আকাশে অথবা দেবলোকে।

দেহ বলেঃ বিহঙ্গের মত তুমি যেমন ঊর্ধ্ব আকাশে উড়তে পারো।
তেমনি তুমি ষড়রিপুর সঙ্গে অবাধে চলতে পার।
মন বলে; এটা আমার ভীষণ দুর্বলতা,
চেষ্টা করেও আমি পারি না কিছুতেই ষড়রিপুকে এড়াতে।
দেহ বলেঃ <u>কাম</u> <u>ক্রোধ</u> <u>লোভ</u> <u>মোহ</u> <u>মদ</u> ও <u>মাৎসর্য</u> সঙ্গ করে;
তুমি থাকো, কিন্তু লোকে আমায় গালমন্দ করে।
মন বলে; আমি সদা সাধন ভজান করি; ষড়রিপু সঙ্গ এড়াতে চেষ্টা করি।
অনেক চেষ্টা করেও আমি ষড়রিপুকে পারিনি এড়াতে।;
দেহ বলে; সঙ্গে ষড়রিপু থাকলে কি হবে সাধন ভজন করে।
ষড়রিপু ত্যাগ কর; নিজে বাঁচ ও আমারে বাঁচাও।

মন বলে; শরীর ক্ষয় বৃদ্ধি আছে; তোমার জন্য যখন তখন ডাক্তারের কাছে যেতে হয়; আমার এসব কিছু নেই। বরং শরীর খারাপ হলে পরে আমি ঠিক কোন ডাক্তারের কাছে যেতে হবে ভাই।

দেহ বলে; এটা ভুল কথা বললে ভাই, মনের অসুখ নাই; শরীরের অসুখ হলে পরে ওষুধ খেলে ভাল হয়ে জায়; মনের অসুখে ডাক্তার পাওয়া ভার।

মন বলে; আমার ব্যাপার বড়ই সুক্ষ, সকলে বুঝতে পারে না ভাই। পৃথিবীর যত ব্যথা, বেদনা, প্রেম ভালবাসা আশা, ভরসা ও হতাশা সবকিছু হৃদয় বা মন থেকে হয়; তাই মনের ডাক্তার পাওয়া ভীষণ কঠিন ভাই।

মন বলে; তুমি দেহ, আমি মন; আমাদের মধ্যে আর এক সত্ত্বা আছে? সেটা কি তোমার জানা আছে? তার আবার ডাক্তার বদ্দি নাই। কেবল ঈশ্বরের সাথে তার সম্পর্ক আছে।

দেহ বলে; লোকে বলে, আত্মা নামে একটি তৃতীয় সত্ত্বা আছে; তাতে আমার কি আসে; আমি আসব যাব, খাব ঘুরব আনন্দ করব; আত্মার সাথে আমার কোন সম্পর্ক নেই- সেটা সবাই জানে।

মন বলে; ভাই দেহ, শোন-প্রতিটি মানুষের দেহ, মন ও আত্মা আছে। দেহকে সকলে দেখতে ও স্পর্শ করতে পারে।

মন ও আত্মাকে কেউ দেখতে ও স্পর্শ করতে নাহি পারে।

দেহ তুমি নশ্বর, তোমার মৃত্যু হবেই।

আত্মা অবিনশ্বর তার বিনাশ নেই।

দেহ মৃত্যুর সময় আত্মা ঈশ্বরের কাছে চলে যায়।

কর্মফল অনুসারে আত্মার স্থান স্বর্গ অথবা নরকে হয়।

দেহ থেকে আত্মা চলে গেলে আমার (মনের) অস্তিত্ব নাহি রয়

দেহ ও মনের সংলাপ শুনে আত্ম উপলব্ধি হয়।

দেহ ও মন দু'টো পৃথক সত্ত্বা– একটি স্থুল অপরটি সুক্ষ হয়।

কার্যকারণিকভাবে একটি আরেকটির ওপর সব সময় করে না নির্ভর।

দেহ ও মন দু'টি ঘড়ির মতো ভিন্ন কর্ম পদ্ধতি তাদের।

তাদের মধ্যে যদিও কার্যকারণিক সম্পর্কের অভাব রয়েছে।

তবুও ঘড়ির মত সময়ে কাজ করে তারা আমাদের অভীষ্ট সাধন করছে।

শরীর-মন-চেতনা-আত্মা এক জটিল আধ্যাত্মিক বিবর্তন।

একটি সমন্বিত সত্তা জ্ঞানার্জনের জন্য সংলাপে করেছি বিভাজন।

তাদের আলাদা করা – শুধু মাত্র মানবজীবনে তাদের ভূমিকা বর্ণন।

মানবদেহের শত ট্রিলিয়ন কোষের মধ্যে আধ্যাত্মিকতার জ্ঞান অর্জন।

উপনিষদের ঋষিগণ দেখিয়েছেন শরীর ও মনের মধ্যে বিশ্বজনীন চেতনা

প্রকৃতির প্রতিটি লুকানো দিক চিনেছিলেন-প্রকাশ করেন তাঁদের কল্পনা।

৬; লোককথা ও ঈশ্বরকথা

অনেক লিখেছি তত্ত্ব কথা, এখন বলি কিছু লোককথা।
লোককথা কথার কথা নয়; অনেক সময় ঈশ্বরকথা হয়।
লোককথার উৎস হল রূপকথা, পুরাণকথা ও চাণক্য নীতি।
গুপ্ত সাম্রাজ্যে চাণক্য নীতি ছাড়া হত না রাজনীতি ও অর্থনীতি
প্রবাদ বাক্য মিথ্যে হয় না মোটেই;

"শিক্ষিত কোন ব্যক্তির জন্যে কোন দেশই বিদেশ নয়।"
বিশ্বায়নের যুগে এই চাণক্য বাণী অক্ষরে অক্ষরে সত্যি হয়েছে।
ভারতের কৃতি সন্তান সারা বিশ্বে ছড়িয়ে আছে।
তাদের সাফল্যে বিশ্বের দরবারে ভারত আবার সুমহান হয়েছে।

শিক্ষিত লোকের কাছে নেই কোন দেস-বিদেশের বিচার;
নেই কোন ধর্মের বিচার, তাদের কাছে পৃথিবীর সব ধর্মই সমান।
ধর্মের বিভেদ, জাতি ভেদ, এসব অশিক্ষিত ও ধর্মান্ধের বিধান।
শিক্ষিত ব্যাক্তি মানে না সেসব বিধান; তাদের কাছে দেশিই সমান।

"দারিদ্র্য, রোগ, দুঃখ, বন্ধন এবং বিপদ- সব কিছুই
মানুষের নিজেরই অপরাধরূপ বৃক্ষের ফল"
এটি হল পণ্ডিত চাণক্যের জ্ঞানগর্ভ বাণী।
এর মূল ভগবদ্দগীতা এবং উপনিষদের মধ্যে পাই।
সুখ, দুঃখ, দারিদ্য, সম্পদ আসে মানুষের কর্মফল থেকেই।

গীতা বলেন; সুখলাভ পূর্বজন্মের সঞ্চিত পূণ্য ফলে হয়।
পাপকর্ম ফলে দুঃখ, দারিদ্য, রোগভোগ হয়।
সুখ প্রাপ্তির ফলে মানুষের পুণ্য ক্ষয় হয়,
দুঃখভোগের দ্বারা মানুষের পাপের নাশ হয়।

দুঃখ, দারিদ্য, রোগভোগের জন্য বৃথা ভগবানকে দোষ দিয়ে থাকি,
এসব কিছুর জন্য আমরা নিজেরাই দায়ী থাকি।
কারও উপর আলাদা করে সুখ দুঃখ ভগবান করেন না আরোপ।
সুখ দুঃখ, দারিদ্র, বন্ধন ও বিপদ নিজের পূর্বজন্মের কর্মফল স্বরূপ।

তবে কি কারনে ভগবানের ভক্তের জীবনে দুঃখ লেগে থাকে?
গীতা বলেন-ভগবানের বিশেষ প্রেমবলে ভক্তের দুঃখপ্রাপ্তি হয়।
জীবন যতদিন সুখে কাটে, কজন আমরা ভগবানকে স্মরণ করি?
যখন বিপদে পড়ি তখন ভগবানকে বারে বারে ডাকতে থাকি।

জীবনে দুঃখ এলে ভগবানের কাছে ভক্তের আত্ম-সমর্পণ হয়।
ঈশ্বরের কৃপায় দুঃখ ভোগের ফলে ভক্তের পাপ নাশ হয়।
প্রকৃত সুখ ও বন্ধন মুক্তির জন্যে ভক্তের দুঃখভোগ হয়।
গীতা বলে- জীবনে দুঃখ ঈশ্বরের করুণা ছাড়া কিছুই নয়।
এই সত্যই প্রকাশ পায় পুরান, রামায়ণ, মহাভারত ও গীতায়।
রয়েছে প্রহ্লাদ, মীরাবাঈ, বিভীষণ, কুন্তী ও পান্ডবদের জীবনী কাহিনিতে।
এঁরা সকলে দুঃখ কষ্টকে গ্রহণ করেছেন জীবনে মুল্যবান সম্পদ রূপে।
ভগবান শ্রীকৃষ্ণ ও কুন্তীর সংলাপে এই সত্য প্রকাশ পায় বিশেষ ভাবে।

মহাভারতের শেষে আমরা দেখতে পাই
বিদায়-নেওয়ার সময় শ্রীকৃষ্ণ কুন্তীকে বলেন;
"পিসি, আমি তোমাকে বর দিতে চাই, বল তোমার কি বর চাই।"
কুন্তী উত্তরে বলেন; "হে মাধব তুমি যদি আমায় বর দিতে চাও;
আমার যেন আরও দুঃখ আরও বিপত্তি আসে-এই বর দাও।"

শ্রীকৃষ্ণ বলেন; "পিসি, দুঃখ ও বিপত্তির মধ্যে সারা জীবন কাটিয়েছ তুমি,
এখন সুখ চাইতে পারতে; দুঃখ কেন চাইছ তুমি? "
কুন্তী বলেনঃ "দুঃখ ও বিপত্তির মধ্যে সারা জীবন আমি কাটিয়েছি সত্যি;

তবে তুমি আমার সঙ্গে ছিলে, তাই দুঃখ বুঝতে আমি পারিনি বেশি
এখন যদি সুখ দাও, তোমায় ভুলব আমি; সেই দুঃখ হবে অনেক বেশি।
এতদিন তুমি আমার সঙ্গে ছিলে, তাই ছিলাম আমি ভীষণ সুখী ও খুশি।"

চাণক্য বলেন; "পুত্র যদি হয় গুণবান, পিতামাতার কাছে তা স্বর্গ সমান।"
এই চাণক্যবাণী আজও মুল্যবান।
পুত্র যদি না হয় গুণবান; তারা হয় পিতামাতার দুঃখের কারণ।
পুত্র-সন্তান পেতে মানুষ দেবদেবির পুজা করে; যাগযজ্ঞ করে;
মেয়ে সন্তান হলে পরে অনেকে রাস্তায় ফেলে আসে বা গলা টিপে মারে।

সংসারে কন্যা সন্তানের চেয়ে পুত্র সন্তান বেশী গুরুত্ব পায়।
যদিও বৃদ্ধ বাবা-মা পুত্রের চেয়ে কন্যার কাছে বেশি সেবাযত্ন পায়।
তবুও মানুষ পুত্র-সন্তান লাভের আশায় পাগল হয়ে যায়;
অসৎ পুত্রের দ্বারা তাদের স্বর্গ লাভ হয় না; বরং দুঃখ বেড়ে যায়।

চাণক্য বানী ছড়ে, এবার আসি কিছু প্রবাদ কথায়।
"চোরের মায়ের বড় গলা –জানে অনেক ছলাকলা"।
এই প্রবাদ বাক্য একেবার খাঁটি কথা –তাই করি না অবহেলা।
আমরা দেখি-খারাপ কাজে পটু যারা, বেশি সাধু সেজে থাকে তারা।
চুরি-জালিয়াতি যাদের পেশা, মিষ্টি কথায় তারা ভীষণ খাসা।
যারা কালো টাকার পাহাড় করে, তারা গলাবাজি বেশি করে।

'**চোরের মায়ের বড় গলা**'– এর দৃষ্টান্ত আজকের দিনে ভুরি ভুরি।
কয়লা চুরি, বালি চুরি, আবাস চুরি, চাকরি চুরি, চারিদিকে শুধুই চুরি
জনসাধারণের চোখে ধূলা দিতে নেতামন্ত্রী গলাবাজি করে বেশি।
কোটি কোটি টাকা খরচ করে যাচ্ছে তারা সুপ্রিমকোর্টে অহর্নিশি।
আমরা বোকা নেতামন্ত্রীর গলাবাজি শুনি আর তাদের কথায় উঠিবসি।
তাদের গলাবাজি শুনে সরকারী ভাতা পেয়ে গরীব মানুষ বেজায় খুশী।

প্রবাদ বাক্য "**আছে মুড়ি বল, চিড়েঁ বল, ভাতের মত নয়,**
মাসী বল, পিষী বল, মায়ের সমান নয়।"
এই কথাটি সাধারণত সত্যি হয়ে থাকে;
যদি মাসীর নিজের সংসার ও চন্তান হয়ে থাকে।
সবাই জানে মায়ের আদর প্রানের আদর, চিরদিনই থাকে;
মাসী পিসীর বিয়ে হলে তারা নিজের সংসার মন দিয়ে দেখে।
মায়ের মমতা দূর হয় না হাজার অভিমানে।
মাসীপিসীর ভালবাসা শেষ হয়ে যায় সামান্য ব্যবধানে।

প্রবাদ আছে "যার লেগে করি চুরি সেই বলে চোর"
এটাও বলে, **"যার জন্য করি চুরি, সে দেয় গলায় ছুরি"**
আজকের দিনে এর উদাহরণ রয়েছে ভুরি ভুরি।
মানুষ নেয় না শিক্ষা কোনভাবে-সর্বসান্ত হলে পরে , তখন করে হরি হরি।

এই প্রবাদ বাক্য আজকাল ভীষণ সত্যি হয়েছে।
সুখে থাকার জন্য সন্তানেরা বৃদ্ধ বাবা-মাকে বৃদ্ধাশ্রমে দিচ্ছে।
বাবার জমি জায়গা সবকিছু বিক্রি করে দিয়ে;
সন্তান বিদেশে চলে যায় অথবা বৃদ্ধ বাবা-মাকে মারে বিষ খাইয়ে।

এই দুর্ভোগ সেই সকল বাবা-মায়ের কপালে বেশিএসে থাকে;
যারা সমাজকে ফাঁকি দিয়ে সন্তানের ইমারৎ গড়ে থাকে।
এসব হল শ্রীমদ্ভগবদ গীতায় ভগবান শ্রীকৃষ্ণের কথা;
শুধু প্রবাদকথা বা লোককথা নয়।
কৃষ্ণ বলেন- হে অর্জুন! এই মনুষ্য অন্ধ ও মূর্খ,
এঁরা সংসারের ভালোবাসা ও মোহে জড়িয়ে পড়ে।
অষ্টপ্রহর সে মায়ার জালে বাঁধা থাকে।
এই কারণে সে সুখ দুঃখ ও জন্ম-মৃত্যু চক্রে ঘুরতে থাকে।

সন্তানের ভবিষ্যৎ গড়া মাতা-পিতার প্রথম কর্তব্য হয়।
তবে সন্তানের কর্মের দ্বারা ভবিষ্যতে পিতামাতার হয় পরিচয়
মানুষের সুখ আর দুঃখ মানুষের কর্ম থেকেই প্রাপ্ত হয়।
মাতা-পিতার ভাল বা মন্দ সংস্কার সন্তান প্রাপ্ত হয়
সন্তানের প্রতি তাদের যোগ্য-অযোগ্য শিক্ষা;
সবকিছুই তাদের সমস্ত কর্মের মূল হয়।

শ্রীকৃষ্ণ বলেন, যে ব্যক্তি গর্ভ-গীতা শোনে ও মনন করে থাকে;
সে ব্যক্তি সহজে জন্ম-মৃত্যুর চক্র থেকে মুক্তি পেয়ে থাকে।
বলা হয়, কোন গর্ভবতী মহিলা যদি গর্ভগীতা শ্রবণ করে
তার গর্ভে থাকা শিশু ভালো সংস্কার লাভ করে।
জন্মানোর পর সেই শিশু বড় হয়ে আদর্শ জীবন কাটায়।
গর্ভগীতায় কৃষ্ণ ও অর্জুনের কথোপকথোনের প্রবাদ সত্য হয়।

৭; সমাজ ও সভ্যতা

শহরে একটা ফ্ল্যাট, একটা বড় গাড়ি, সুন্দরী স্ত্রী আর একটি সন্তান।
এগুলোই হয়েছে আমাদের জীবনের লক্ষ্য, এতেই বিশাল মান সম্মান।
আমরা ভুলেগেছি সবুজ ধানের ক্ষেত, বিশাল খামার বাড়ি;
ভুলেগেছি বিশাল খেলার মাঠ, গ্রামের মাটির বাড়ি।
নেই শহরে শালিকের কিচিরমিচি, নাই কোকিলের ডাক;
নাই ফুলের বাগান, নেই ফুলের বাগানে মৌমাছির ঝাঁক।
এসব আমাদের কাছে এখন মূল্যহীন;
তাই গ্রামে যা কিছু ছিল বিক্রি করে দিয়েছি অনেকদিন।

মানুষ শহরে এসে ভুলে যায় গ্রামের স্মৃতি।
থাকে না কোন ভালবাসা নিজের গ্রামের প্রতি
ফ্ল্যাট বাড়িতে নেই মানুষের আনাগোনা,
আসে না বেশি বন্ধুস্বজন, আমরা চাই না।
ভুলে গেছি গাছের ডালে দোয়েল কোয়েল গান।
যে গানে ভরে উঠত আমাদের হৃদয়-মন-প্রান।
গ্রামের সৌন্দর্য, শস্যশ্যামল মাঠ, সরল জীবন মন থেকে মুছে গেছে।
এখন ত আমাদের ফেসবুক, হোয়াটশ্যাপ ইনস্টাগ্রাম আছে।

দশতলা বিল্ডিং, চল্লিশটা ফ্ল্যাট; কোনটা যে কার জানা বড়ই মুশকিল।
আগন্তুক এলে বিপদে পড়ে, সবগুলি ফ্ল্যাট যে ভীতর থেকে খিল।
ফ্ল্যাট নাম্বার ভুলে গেলে ফিরে যেতে হয় ভিজিটরকে।
এক ফ্ল্যাটের চেনে না অন্য ফ্ল্যাটের মানুষজনকে।
তাই গ্রামের আত্মীয়স্বজন আসতে চায় না ফ্ল্যাট বাড়িতে;
তাদের বহ্বাড়ম্বর দেখে গ্রামের মানুষ ভয় পায় ফ্ল্যাট বাড়িতে আসতে।

ফ্ল্যাটের বুড়োবুড়ি যদি তিনতলা বা তার উপরে থাকে,
ফ্ল্যাটে ভিতর তারা জেলের কয়েদীর মত আবদ্ধ হয়ে থাকে।

কমপ্লেক্সের লিফ্ট যদি খারপ হয়ে যায়; তাদের কষ্টের অন্ত নাহি হয়।
ফ্ল্যাটে ভিতর তাদেরকে দিনরাত একা থাকতে হয়।

ফ্ল্যাটের মালিক বড় টিভি, লাইট, এসি আসবাবপত্র দিয়ে ভরিয়ে দেয়।
সেগুনের সিংহদুয়ার নানা ডিজাইন আর কারুকার্যে ফ্ল্যাট সাজান হয়।
ফ্ল্যাটে বুড়োবুড়ি নিজেরাই দেখে, হাততালি দেয়; মানুষজন আসে না প্রায়
আটতলায় ফ্ল্যাট বলে আত্মীয়স্বজন বুড়োবুড়ির কাছে আসে না হায়;
ছেলে মেয়ে বিদেশে থাকে, বুড়োবুড়ি ফ্ল্যাটে সব সময় প্রায় বন্ধ হয়ে রয়।
তাদের বুঝি কেউ নেই আর;তবুও মানুষ ছোট্ট সংসার ও ফ্ল্যাট বাড়ি চায়।

এক ফ্ল্যাটের মানুষ চিনে না অন্য ফ্ল্যাটের মানুষকে।
ফ্ল্যাটের মধ্যে তারা যেন সব সময় পাখীর খাঁচায় বন্দি থাকে।
ফ্ল্যাটের মানুষ যদি অনুষ্ঠানে কোন দিন একসাথে জড় হয়,
একে অপরের দিকে তাকায়, জানে না কে থাকে কোন কয়তলায়।
তাদের দেখে গানের কথা মনে পড়ে;
" খিড়কি থেকে সিংহদুয়ার এই তোমাদের পৃথিবী,
এর বাইরে জগত আছে তোমরা মাননা; তোমরা জান না"

উচ্চ শিক্ষা আর একটা সরকারী চাকরি এই আমাদের ধরণি।
এর বাহিরে জগত আছে সেটা মানি নি।
বাবা মা ভীষণ গরীব হলে পরে।
জমি জায়গা বিক্রি করে সন্তানকে উচ্চ শিক্ষিত করে।
ছেলেরা মোটা টাকার চাকরি পেয়ে।
বাবা ভুলে গিয়ে মনের সুখে শহরে থাকে স্ত্রী পুত্র নিয়ে।

বাবা মা অসুস্থ হয়ে যদি শয্যাশায়ী হয়।
শহুরে সন্তানের গ্রামে বাবা-মাকে দেখার সময় কোথায় হয়?
ছুটির দিনে ক্লাবে জাওয়ার সময় থাকে অনেক।
গ্রামে বুড়ো মা বাবাকে দেখতে গেলে পেট্রল খরচ হবে অনেক।
সুখে থাকবে বলে শিক্ষিত সন্তান পাঠায় বৃদ্ধাশ্রমে বুড়ো মা বাবাকে।

অনেকে বলতাম, শিক্ষিত হয়ে ভাঙব দুর্নীতি ও কালোবাজারির হাত।
অনেকে IAS, IPS হয়ে টাকার লোভে দুর্নীতির সাথে মিলিয়েছে হাত।
কলেজে পড়ার সময় তারা চায়ের টেবিলে ঝড় তুলেছিল কত;
IAS, IPS হয়ে তারা গড়বে দুর্নীতিহীন সোনার ভারত।
বহু কষ্ট করে IAS, IPS, ডাক্তার, সি এ, ব্যারিস্টার হল,
কিন্তু সোনার ভারত গড়ার তাদের স্বপ্ন কোথায় গেল।

তাদের এখন একটাই স্বপ্ন- ছেলেমেয়েকে বিদেশ পাঠাতে হবে।
ভারত এখন দুর্নীতিগ্রস্থ তাদের ছেলে কেন দেশে থাকবে।
ছেলেমেয়ে দেশে থাকলে বাবামায়ের কীর্তি কলাপ বুঝে যাবে।
এতাই ভাল ছেলে মেয়ে বিদেশে গিয়ে ভীষণ সুখে থাকবে।
এ ভাবেই দেশের বড়লোক আরও বড় হবে।
আর গরীব আরো গরীব হয়ে খেতে না পেয়ে মরবে।

কফি হাউসে হচ্ছে না ছাত্রদের কোন আড্ডা,
বলছে না কেউ সমাজ সংস্কারের কথা।
ঘরে বাহিরে পথে ঘাটে সর্বত্র শুধু রাজনীতি,
দারিদ্র, বেকারত্ব, আর দুর্নীতির কথা।
চাকরি চুরি, কয়লা চুরি, বালি চুরি, গরু চুরি।
এ চুরি সাধারন চুরি নয়, বড় বড় নেতামন্ত্রীর চুরি।

নেতামন্ত্রী কোটি কোটি টাকা বিদেশে পাঠায় হরদম।
তাদেরকে ধরে জেলে পুরে ED, CBI এর কোথায় এত দম।
ED, CBI ডাকলে পরে তারা Supreme Court এ নালিশ করে।
আমরা বুড়োরা টিভি দেখি পেপার পড়ি ঘরের ভিতর সন্ত্রাসে মরি।
অনেকে মেতে থাকে ফেসবুক নিয়ে, দেশ নিয়ে কজন চিন্তা করি।

পুলিশ ঘুরছে কালোবাজারি, দুর্নীতিবাজ নেতা মন্ত্রীর সাথে।
প্রমোটার ও ঠিকাদার সবার উপরে, নেতামন্ত্রী পুলিশ এখন তাদের হাতে।

ঘুরছে তারা অবাধে পিস্তল নিয়ে হাতে।
নির্যাতিত ও উত্পীড়িতরা এখন ভয় পায় পুলিশের কাছে যেতে।
নেই দাম আজ শিক্ষা,সততার, জোর যার মল্লুক তার;
চতুর্দিকে শুধু অনাহার, শোষণ, ধর্ষণ, অত্যাচার, নেই কোন বিচার।

যুবকেরা যায়না খেলার মাঠে, ব্যস্ত তারা ইন্সটাগ্রাম ফেসবুক নিয়ে।
করে না তারা গভীর আলোচনা ক্রিকেট ফুটবল অথবা বিশ্বকাপ নিয়ে!
শরীর চর্চা আর সন্তানের টিউটোরিয়াল হোম নিয়ে মেয়েরা ব্যস্ত ভীষণ।
সমাজের নির্যাতিতাদের দুঃখ দুর্দশা নিয়ে মানুষ ভাববে কখন?
ছোটরা টিভি ও মোবাইল গেমে আসক্ত ভীষণ;খেলার মাঠে যায় না এখন?

ভোটের নামে প্রহসন হয়, ব্যালট বক্স চেঞ্জ, ভোটলুট, ছাপ্পা ভোট দিয়ে।
বোম ফাটিয়ে, নেতামন্ত্রীর লোক সন্ত্রাস চালায় পিস্তল হাতে নিয়ে।
নিরীহ মরছে মরছে মুড়ি মুড়কির মত ভোটাধিকার প্রয়োগ করতে গিয়ে।
বিডিও, এসডিও পুলিশ, কমিশন চুপ করে থাকে নেতামন্ত্রীর ভয়ে।
গণতন্ত্র ধ্বংস হয়েছে, স্বৈরতন্ত্র করছে রাজ দুর্নীতি ও সন্ত্রাস সাথে নিয়ে।
আমরা আবার বড়াই করি আমাদের আধুনিক সভ্যতা নিয়ে।

যোগ্য শিক্ষকেরা পয়সা না দিতে পেরে চাকরি হারিয়েছে।
অযোগ্যেরা পয়সা দিয়ে চাকরি কিনে স্কুল কলেজে আনন্দে পড়াচ্ছে।
যোগ্য শিক্ষকেরা গাছ তলায় বসে ধর্না দিচ্ছে আর মরছে অনাহারে ।
আদালত বলেছে "এ অবস্থায় রাজ্যকে কেবল ভগবানই বাঁচাতে পারে ।
বাংলার শিক্ষা ব্যবস্থা বিলুপ্ত আজ; দুর্নীতি আর শোষণ করছে রাজ।

পরাধীন ভারতে ছিল শিক্ষা, সংস্কৃতি ও শিষ্টাচার।
এখন মানুষ হারিয়েছে বাক স্বাধীনতা; হারিয়েছে ভোটাধিকার।
নারী-নির্যাতন, অপহরণ, ধর্ষণ হয়ছে এখন বড়লোকদের হাতের ময়লা।
নারী-নির্যাতনে নেই কোন প্রতিবাদ, নেই নারী সুরক্ষা, সর্বত্র শক্তির খেলা।

কোথায় যাবে ভবিষ্যৎ প্রজন্ম, সমাজ এখন ভীষণ বিপন্ন।
সভ্যতার নামে চলছে শোষণ, ধর্ষণ, নির্যাতন আর অপশাসন।
কাল হয়তো জ্বলবে প্রতিবাদের আগুন, ধ্বংস হবে দুর্বৃত্তের লেলিহান।
পৃথিবীতে পরিত্রাতা ঈশ্বর-অবতার আসবেন আবার আগের মতন।
স্বৈরাচারীর পাপের পাহাড় আন্দোলনে ভাসবে তখন।

৮; পথিক আমি

পথিক আমি, তোমাদের সবার ক্ষণিকের বন্ধু আমি ওগো পান্থজন।
পান্থশালায় তোমাদের সাথে থাকব আমি মাত্র কিছুক্ষণ।
এই পান্থশালা ছেড়ে যেতে হবে আমাদের সকলকে কিছুটা বিশ্রাম নিয়ে;
কিছুটা হেঁসে খেলে সবারে যেতে সবকিছু এই পান্থশালায় ফেলে দিয়ে।
পথ চলাতেই হয়েছে দেখা, পথেই হয়েছে চাওয়া পাওয়া; পথেই হবে শেষ।
তবুও যেন হৃদয় বলে-কিছু যেন সঞ্চয় রবে পান্থশালায়; হবে না সব শেষ।
মনে হওয়া ভাল; নয়তো পান্থশালায় যেটুকু জানাশোনা সেটাও হত শেষ।

তুমি আমি পান্থশালায় কতকিছু কথা বলি; কথার হয়না যেন শেষ।
পান্থশালায় আমরা সবাই মজে থাকি আনন্দ উচ্ছ্বাসে।
তবুও মনটা আমার বাহিরের পানে ধায়; চেয়ে থাকে অনন্ত আকাশে।
থাকতে চায়না হেথায় আমার চপল মন; চলে যায় অনন্ত পথপাশে
অন্তবিহীন পথ যেন আমায় হাতছানি দিয়ে ডাকে।
"চলে এস এবার অনেক পথ যে যেতে হবে তোমাকে।"

পথকে বলি- দাঁড়াও আর কিছুক্ষণ; পান্থশালা ছেড়ে যেতে চাইছে না মন।
পথ বলে-"সব ছেড়ে চলে এস এখন শুনবো না তোমার কোন নিবেদন।
পথিক আমি, যেতে হবে চলে পান্থশালায় সবকিছু রেখে।
আমায় হাঁটতে একা লক্ষ বছর ধরে অনন্ত এই পথে।

তোমার আমার ক্ষণিকের এই জানাশোনা।
ক্ষণিকের তরে হয়ত তোমার হৃদয়ে করবে আনাগোনা।
তারপর তুমিও ভুলে যাবে আমাদের এই পরিচয় চিরতরে;
তোমাকেও ত যেতে হবে এই পান্থশালা ছেড়ে কিছু সময় পরে।
যদি হও তুমি আমার আত্মার আত্মীয়,

হয়ত দেখা আবার হবে তোমার সাথে আমার নূতন পান্থশালায়;
হয়ত সেদিন আমারা চিনতে পারব না কেউ কাওকে সেথায়।

পথিক আমি, তোমার আমার পথের দেখা পথেই শেষ হবে;
জানি না এই পথ আবার আমায় কোথায় নিয়ে যাবে;
উঠব আবার আমি কোন দেশে কোন পান্থশালায়?
পথ হারা এক পথিক আমি এখনো পাইনি পথের দিশা;
ঠিকানাহীন পথের মাঝে দেখা হয় বহু পান্থজনের সাথে।

অনেক পথের মাঝে আবার আমায় যেতে অচেনা এক পথে।
ঈশ্বরই জানেন কোথায় হবে আমার নূতন পান্থশালা;
দেখা হবে নূতন পান্থশালায় অনেক নূতন পথিকের সাথে।
পথ রয়েছে অনেক ডিঙ্গা বহু পথিকের তরে;
ঈশ্বরই জানেন–এবার আমি উঠব কোন সে ডিঙায় যাব কোন পথে।
পথিক আমি, তোমার আমার পথের দেখা পথেই শেষ হবে;

লক্ষ লক্ষ বছর পথ চলে, বহু নদী বহু রাজপথ বহু সাগর
অতিক্রম করে কতবার গিয়েছি সাত সমুদ্র তের নদীর পার।
উঠেছি আমি দেশবিদেশের হাজার হাজার পান্থশালায়।
দেখা হয়েছে হাজার হাজার পথিকের সাথে কত নূতন পান্থশালায়।
পথের যেমন নেই কোন শেষ; আমার পথ চলারও নেই তেমনি শেষ;
তেমনি নূতন পথিকের সাথে আমার দেখাশোনার না আছে কোন শেষ।

৯; নারী নির্যাতন ও ভারতীয় সংবিধান

আমরা মুখেই বলি নারী-পুরুষ সকলে সমান।
আরো বলি নারী দেবী, সমাজে নারীই মহান।
মিটিং মিছিলে নেতারা বক্তৃতায় বলে নারী মহীয়সী।
আবার তাদের দ্বারাই নারী ধর্ষণ নারী উৎপীড়ন হচ্ছে বেশী।
যৌন পীড়ন, নারী-অপহরণ, নারী ধর্ষণ, শিশু ধর্ষণ
যৌতুকের জন্য নারী হত্যা বেড়েই চলেছে, নেই কোন গন আন্দোলন।

আমরা মুখেই বলি পৃথিবীর যা কিছু ভাল যা কিছু মহান।
সেখানে রয়েছে নারীর অবদান; তবে কেন পায় না নারী যোগ্য সম্মান।
অত্যাচারী, লোলুপ পুরুষ ভালবাসে নারীকে তারা ভোগ করে যতক্ষণ।
ভোগের পরে ছুঁড়ে দেয় তারা নারীকে এঁঠো পাতার মতন।
স্বাধীনতার আগে ভারতে হয়েছিল আনেক নারী স্বাধীনতার আন্দোলন।
আজ নেই নারী স্বাধীনতার আন্দোলন, তাই বেড়েই চলেছে নারী নির্যাতন।

স্বার্থপরতা ও সমাজ ব্যবস্থা নারী ধর্ষণ উৎপীড়নের বড় কারন মনে হয়।
নারী উৎপীড়নে বুদ্ধিজীবী ও সমাজ উদাসীনতা রয়।
টি ভি, খবরের কাগজ নারী নির্যাতনের অনেক ঘটনা প্রকাশ করে থাকে।
সমাজের শিক্ষিত সভ্য মানুষ সব দেখে শুনে প্রায় উদাসীন থাকে।
আগের মত সমাজে নেই নারী জাগরণ ও নারী সুরক্ষা আন্দোলন।
কি করে হবে আন্দোলন আজ শিক্ষিত মানুষের নেই প্রতিবাদী মন।

১৯৭৫সাল আন্তর্জাতিক নারী দিবস রূপে ঘোষিত হয়েছিল;
কিন্তু নারী দিবসের উদ্দেশ্য কি কোনভাবে সফল হল?
বিবেকানন্দ বলেছেন; নারী পুরুষ উভয়েই যদি সমান উন্নত না হয়,
জগতের সর্বাঙ্গীণ উন্নতি কখনই সম্ভব নয়;

নারী এখন শিক্ষিত হয়েছে; কিন্তু শিক্ষিত নারী কি সুরক্ষিত আজ।
অত্যাচারী পুরুষের নারী উৎপীড়ন, ধর্ষণ, শোষণ অবাধে করছে রাজ।

বৈদিক যুগে ভারতে নারী পুরুষের ছিল সমান অধিকার ও সম্মান।
ঐ যুগে বহু নারী ছিলেন সত্যদ্রষ্টা আর ঋষিদের সমান।
মিত্রেয়ী, আর গার্গীর মত নারী ছিলেন অনেক ব্রহ্মবাদিনী।
স্মৃতিযুগ থেকে প্রতীয়মান মানবকল্যাণে নারীর অশেষ অবদান।
আজকের সমাজে নারীর নাই সেই স্থান; আছে শুধু নারী উৎপীড়ন।

একথা অজানা নয়; আমরা এখন স্বার্থবাদী ও মৌন্যবাদীর দল
শোষণ অত্যাচার দেখেও, কিছুই দেখিনি বা শুনিনি কেবলই করি ছল।
সভ্য সমাজে প্রথমে লোভ দেখিয়ে, শয়তান স্বামী স্ত্রীকে উপভোগ করে।
ভোগের পর শয়তান স্বামী অন্য নারীর পিছনে ছোটে ও পরকীয়া করে।
স্ত্রী সন্তানকে তিলে তিলে ধ্বংস করে, সুযোগ পেলে স্ত্রীকে হত্যা করে।
লক্ষ লক্ষ টাকা ঘুষ খেয়ে পুলিশ শয়তান স্বামীর অপরাধ আড়াল করে।

নারী উৎপীড়ন সভ্য সমাজের প্রচলিত ঘটনা, এটা কারোর অজানা নয়।
কজন খবর রাখে- প্রতিদিন কত যে নারী স্বামী-নির্যাতনে ধ্বংস হয়ে যায়।
পিতা-মাতার দুলালী মেয়ে স্বামীর অত্যাচারে অতিষ্ঠ হয়ে বিষ খেয়ে মরে।
নির্যাতিত মেয়ের দুশ্চিন্তায় বৃদ্ধ পিতা মাতা হতাশায় অকালে মরে।
নির্যাতিতা নারী অসহায় অনাথ হয়ে জনে জনে সাহায্য ভিক্ষা করে।
সবচেয়ে বড় দুশ্চিন্তা তার নাবালক সন্তান মানুষ হবে কি করে?

কজন খবর রাখে; প্রতিদিন কত ফুল ফোটে আর অকালে ঝরে
তেমনি কজন খবর করি, কত শিক্ষিত রমণী মরে স্বামীর অত্যাচারে।
স্বামী ভুলে যায়, বিয়ের মন্ত্রে স্ত্রীকে অর্ধাঙ্গিনী দেখার অঙ্গীকার করেছিল।
ভিখারি স্বামী ভুলে যায়; বিয়েতে সে লক্ষ্য লক্ষ্য টাকা বরপণ নিয়েছিল।
নির্যাতিতা স্ত্রী বড় অসহায়; সে যখন দুঃখের কথা প্রতিবেশীকে জানায়;

কেউ আসেনা নির্যাতিতার হয়ে কথা বলতে, শুধু সমবেদনা জানায়।

হাজার হাজার অসহায় রমণী অকালে ধ্বংস হয়ে যায়।
সন্তানের ভবিষ্যৎ ভেবে নিরীহ নারী আদলতে গেলে অনেক বাধা পায়।
নিরীহ নারী পায়না বিচার বহু বছর; স্বামীর অর্থবলে হার মেনে যায়।
এইভাবে অসংখ্য নির্যাতিতা নারী সমাজে নীরবে তিলে তিলে মরে যায়।

নারীর উপর অত্যাচারী পুরুষের নির্মম নির্যাতন
আর উৎপীড়ন থাকবে না চিরদিন।
অসহায় নারীর অশ্রুজলে আর ঈশ্বরের
অভিশাপে ধ্বংস হবে নিশ্চয়ই একদিন;
বাড়ি, গাড়ি, নারী এসব নিয়ে অত্যাচারীর কাটায় দিন।
এর বাহিরে জগত আছে তারা ভাবেনি কোনদিন।

এ শুধু কথার কথা নয়; এ যে ইতিহাসের কথা;
যখন উঠবে জেগে অসহায় নারীর বঞ্চিত বুকে পুঞ্জিত অপমান;
তখন নারী নির্যাতন, শোষণের প্রতিবাদে উঠবে গর্জে বিশাল আলোড়ন,
সেই আলোড়নে ধ্বংস হবে অত্যাচারী পুরুষ শয়তান;
শেষহবে নারী অপহরণ, ধর্ষণ, স্ত্রী উপর স্বামী নির্যাতন।

নারী নির্যাতন বন্ধ করতে হলে আইনের সঠিক প্রয়োগ করতে হয়।
যুবসমাজ ও অভিজ্ঞ ব্যাক্তিদের বিশেষভাবে উদ্যোগ নিতে হয়।
এ কথা কারোর অজানা নয়; কিন্তু উকিলের ব্যবসা বিপদের কারণ হয়।
আমাদের সকলকে মনে রাখতে হবে নারীদের উপর যে কোন নির্যাতন
ভারতীয় সংবিধানের 14, 21, 19 এবং 32 অনুচ্ছেদের প্রয়োগ প্রয়োজন।
সমাজে প্রতি তিনটি নারীর মধ্যে কমপক্ষে একটি নির্যাতনে হয় সম্মুখীন।

ভারত সরকার নারী-নির্যাতন নিয়ে অনেক সচেতন;
নারী- নির্যাতন রুখতে অনেক আইন করেছে প্রণয়ন যেমন;
The Protection of Women from Domestic Violence Act, 2005'
'The Prohibition of Child Marriage Act, 2006।
'The Dowry Prohibition Act, 1961'।
আইন কানুন বিফলে যায়, যদি মানুষ আইনের সাহায্য না নেয়।

আমি এডভোকেট নয়, তবুও কোন ব্যক্তি এই ব্যাপারে যদি সাহজ্য চায়।
যতখানি পারি আমি তাকে সাহায্য করবো; তার যদি কোন উপকার হয়।
আমি সমাজের মেয়েকে নিজের মেয়ের মত ভাবি – এটা অত্যুক্তি নয়।
নারী নির্যাতন রুখতে যদি কিছু কাজ করতে পারি, আমি ধন্য হব নিশ্চয়,

১০ বৃদ্ধাশ্রম

মা কথাটি যতই ছোট্ট ততই মধুর ভাই।
এর চেয়ে এত মধুর মানুষ ত্রিভুবনে নাই।
সকল দুখে সকল কষ্টে সবাই 'মা'কে ডেকে যাই।
মায়ের চেয়ে মধুর ডাক বোধ হয় এ জগতে নাই।
'মা' পৃথিবীর সবচেয়ে মধুর ডাক– তাতে দ্বিমত নাই।
এটা শুধু এ যুগে নয়, সকল দেশে, সকল যুগে এটাই সত্য ভাই।
রোগ যন্ত্রণায় অসাড় হয়ে থাকি যখন বিছানায় শুয়ে।
মা আমাদের ঘুম পাড়ান মাথায় হাত বুলিয়ে

স্নেহ মায়া মমতায় ভরা মায়ের হৃদয় মন
মায়ের থেকে বিশাল মন পেয়েছে কোন জন।
মায়েরা মনে যতই কষ্ট পাক না কেন;
বুঝতে দেয় না কাউকে কখন।
হাসি ভরা মুখ, আশিস ভরা চোখটি তাদের।
দেখলে পরে জুড়ায় মন তোমার আমার সকলের।

শত পরিশ্রমের পরেও ক্লান্তি আসে না মায়েদের মনে।
সকল দুঃখে সর্ব প্রথম মায়েদের মুখ পড়ে মনে।
ভীষণ অসুখে সন্তান কাতরাত বিছানায় শুয়ে।
মা শিয়রে বসে সন্তানের সেবা করত নিজে না খেয়ে না ঘুমিয়ে।
তখন মা কখন ভাবেনি শেষ জীবনে সে সন্তানের বোঝা হয়ে যাবে।
সন্তানের সুখের তরে আদরের সন্তানকে ছেড়ে সে বৃদ্ধাশ্রমে যাবে।

অফিস থেকে এসে যখন দেখি মায়ের মুখ;
দূরে চলে যায় মনের সব ক্লান্তি আর দুখ।
মাসি, পিসি, দিদি বোন কেউ হয় না মায়ের মতন।
মায়ের ভালবাসা সাথে স্ত্রী স্বামীর ভালবাসা হয় না তুলন।

যেখানে জতই পাইন না ভালবাসা আদর যতন।
হয়না সে সব মায়ের মায়া, মমতা সোহাগের মতন।

কিন্তু এখন দিন বদলে গেছে ভাই
মায়ের স্থান বড়লোক ছেলের ঘরে হয় না প্রায়ই।
যে মা আমাদের সকলকে করেন লালন-পালন;
নিজের সব কিছু দিয়ে বিসর্জন।
বহু মমতাময়ী মায়ের বৃদ্ধাশ্রমে হয় স্থান।
শেষ বয়সে মা পায় সন্তানকে লালন-পালনের প্রতিদান।

যে মমতাময়ী মা নিজে না খেয়ে সন্তানের মুখে দিয়েছিল অন্ন।
সন্তানকে পরিয়েছিল সুন্দর বস্ত্র, মায়ের কাপড়ে ছিল সহস্র ছিন্ন।
ছিঁড়ে যাওয়া শাড়ীগুলি সেলাই করে বিধবা মা করতেন লজ্জা নিবারণ।
পুজার সময় ঋণ করে নূতন জামা কিনে দিতেন সন্তানের মনের মতন।
সন্তানের লেখাপড়ার খরচ দিতেন পরের বাড়িতে কাজ করে।
শেষ জীবনে মাকে বৃদ্ধাশ্রমে পাঠায় সন্তান নিজের সুখের তরে।

ভুলে গেছে নির্মম নিষ্ঠুর সন্তান মায়ের সেসব দুঃখের কথা।
সন্তানকে মানুষ করতে পেয়েছিল কত ব্যাথা।
সয়ে ছিল কত স্বামী-শাশুড়ির কত নির্যাতন আর উৎপীড়ন।
সন্তানের পড়াশুনার জন্য পিতার ছিল না তাগিদ; ছিল না মন।
সেদিন মমতাময়ী মা সন্তানের হাঁসিমুখ দেখে পেয়েছিল স্বর্গসুখ।
তাই বুঝি শেষ বয়সে মাকে বৃদ্ধাশ্রমে পেতে হবে এত দুখ।

মায়ের মমতা ভালবাসার কথা যতই লিখি না;
তার ভালবাসা মমতার কথা বলা কখন শেষ হবে না।
নিজে না খেয়ে উপবাসে থেকে, সন্তানকে খাইয়ে আনন্দ পেয়েছে।
তাই বুঝি শিক্ষিত সন্তান মাকে বৃদ্ধাশ্রমে পাঠিয়ে প্রতিদান দিচ্ছে।

১১ সত্যিকারের মানুষ কৈ?

দিন রাত মনুষ্যত্ব নিয়ে করছি লড়াই।
সত্যিকারের মানুষ আমরা দেখছি কৈ?
উচ্চ শিক্ষিত হয়ে আমরা সকলে চাকরি চাই।
চাকরি না পেলে সকলে শুকিয়ে যাই;
না হয় সকলের কাছে তিরস্কার পাই।
ছলে বলে কলে কৌশলে একটা চাকরি চাই।
সমাজে মান সম্মানের অন্ত নাই।
বিদেশে গিয়ে যদি কেউ একটা চাকরি বা কাজ পায়;
তাহলে তো সকলের চোখের মনি হয়ে যাই।
চাকরি ছাড়া এ জীবনে কি আছে ভাই।
তাই আমরা সকলে চাকরি, চাকরি চাকরি চাই।
জ্ঞান, বুদ্ধি, বিবেক, প্রেম, ভালবাসার কোন মুল্য নাই।

হারিয়ে গেছে শিক্ষা দীক্ষা, প্রেম, জ্ঞান, বুদ্ধি বল।
এখন আমাদের জীবনে চাকরি সম্বল অথবা অর্থবল।
সততা, সহানুভূতি, মানবসেবা সভ্যতার মাফকাঠিতে নাই।
শুধু টাকা পয়সা, বড় গাড়ি, বাড়ি, ভাল পোশাক চাই।
যাদের এসব নাই, তাদের দাম নাই, মানুষ ভালো হোক না যতই।
এখন বড় লোকেরা বলতে শিখছে পড়াশুনার কোন মুল্য নাই।
চুরি এখন বড় শিল্প, সেই শিল্পে মানুষের লজ্জা শরম নাই।
সেই জন্য অনেকের মতে পড়াশুনার কোন মুল্য নাই।
 শিল্প কলকারখানা প্রায় বন্ধ হয়ে গেছে; তাই কাজের হদিশ নাই।
নেতামন্ত্রির পিছনে ঘুরছে, চাষবাস করার মানুষের সময় এখন নাই।
দেশ ছেড়ে বিদেশে গিয়ে হাতের কাজ করা ছাড়া অনেকের গতি নেই।
স্ত্রী, সন্তান পায় না ঐ মানুষটির সঙ্গ–তাতে ক্ষতি নাই; পয়সা আছে ভাই।

মিথ্যা আর গলাবাজি হল আজ বড়লোক ও নেতামন্ত্রীর বিরাট সম্বল।
মিথ্যা দিয়ে সত্যকে চাপা দিতে তারা বের করে অনেক কৌশল।
শত শত নিরীহ মানুষ ধ্বংস হয় ধনী ও নেতামন্ত্রীর নাশকতার কারনে।
প্রেম ভালবাসা, সততা সেবা চলে গেছে অবক্ষয়ের টানে।
আজ আমাদের জ্ঞান বুদ্ধি, শ্রদ্ধা ভক্তি হয়েছে হ্রাস।
শিক্ষিত লোকের বাবা-মা অথবা নির্যাতিতা স্ত্রী গলায় দিচ্ছে ফাঁস।
বাড়ছে শোষণ, অনাহার অনিদ্রায় যাচ্ছে অনেক গরীবের প্রান।
মনুষ্যত্ব ধ্বংস হয়েছে, লোপ পেয়েছে শিক্ষিত ও সততার সম্মান।
মানুষ ডিগ্রি চায়, কপি করে ডক্টরেট হয়, প্রকৃত শিক্ষা কোথায় পায়।
প্রকৃত শিক্ষা পেলে মানুষকে সত হয়ে বাঁচে; এত তাদের বিশাল দায়।
আজ সমাজে স্বিবেকানন্দ, রবীন্দ্রনাথ, বিদ্যাসাগরের আদর্শের মুল্য নাই।
মানুস মেতে উঠেছে আনন্দ উচ্ছ্বাসে, আহার বিহারে, মনুষ্যত্ব নাই।

চতুর্থ অধ্যায়
প্রেম ভালবাসা

১; অভিমান

তোমার কেন এত অভিমান আমার নিঃস্বার্থ ভালবাসায়।
কেন কর সংশয়, আমি কোন দিন কিছু চাইনি ত তোমায়।
তোমার মত আমিও তো প্রানভরে ভাল বেসেছি সবায়।
আজও সকলের কথা ভাবি যেমনটি এতদিন ভেবেছি আগে।

তবুও কেন অভিমানে আমায় ছেড়ে চলে যেতে চাও;
অতীতের কথা ভুলে গিয়ে আমার মনে কেন তুমি ব্যাথা দিতে চাও।
আমি ভালবাসি সবারে সীমাহীন যারা এসেছে একবার জীবনে।
যদি তারা মানুষের সেবা করে, তাদের আমি ফেলি না কখন পিছনে।

তুমি ত জান কোন দিন কিছু আমি জীবনে করিনি গোপন।
আমার প্রেম ভালবাসা আর সেবা সবই অনাবৃত উন্মোচন।
আমার যাহা আছে সবকিছু অতি সামান্য, অবারিত মন।
তবে কেন এত সংশয় এত অভিমান; কেন কর এত গোপন।

তোমার সংশয়ী আঁখি দুটি দেখে বড় ব্যাথা লাগে মনে।
সবকিছু জেনেশুনে কেন তুমি বুঝলে না আমার পাগল মন?
যাহা আমার আছে সবই অবারিত- আছে সকলের সামনে।
যা আছে, আমার নয় সবই তাঁর; তবে কেন সংশয় তোমাদের মনে।

তোমরা ত জানো- ছেলেবেলায় ছিল না কিছুই আমার বলে।
ঈশ্বরই দিয়েছেন সব, তাই ভাবি না আমি কোনকিছু আমার বলে।

যদি মানবসেবার কাজে লাগে আমার সামান্যকিছু, সত্যি ধন্য হব আমি।
তিনি আছেন সকল মানুষের মধ্যে, তাই মানবসেবার কথা ভাবি আমি।

সবারে ভালবাসি অনেক বেশি যত না ভালবাসা পাই আমি।
সবার ভালভেবে মাঝে মধ্যে কিছু কঠিন কথা বলি আমি।
পরে অশ্রুপাত করি যদি কেউ আমার কথার ভিন্ন অর্থ খুঁজে।
আমায় এড়িয়ে চলে আমার কঠিন কথায় অভিমান করে।

আমায় নিয়ে অযথা রেখো না মনে কোন সংশয় বা অভিমান।
আমার যা কিছু কর্ম- নেই তাতে স্বার্থের অন্বেষণ, রয়েছে বেদান্ত জ্ঞান।
এরপরও যদি চলে যাও অভিমানে আমাকে একা করে।
খেদ নেই তাতে, তবুও আমি আগের মতন ভালবেসে যাব সবারে।

কত সাথী পেয়েছিলাম এ জীবনে চলার পথে।
তারা প্রায় সবাই চলে গেল দূরে; শেষ জীবনে থাকল না আমার সাথে।
তাদের মত আমি অর্থবান, বুদ্ধিমান অথবা সমাজের মানানসই হলে;
হয়ত আমার স্নেহ ভালবাসা ভুলে তারা যেত না দূরে আমায় একা ফেলে।

তারা যায় যাক, হবে না তদের জন্য আমার আর অশ্রু বিসর্জন।
আমি করব না কোন সংশয়, তাদের উপর করব না কোন অভিমান।
আমার হৃদয় প্রান মন জ্ঞান সকলই ঈশ্বরকে করেছি দান।
আমার আমি প্রায় হারিয়ে ফেলছি, কেন করব আর অভিমান।

কেন কর অভিমান, আমার কথার সঠিক অর্থ না বুঝে।
ব্যাথা পাই মনে, -ভীষণ বাজে আমার গভীর হৃদয় মাঝে।
নাহি জানি -কেন কিছুলোকে মাঝে মাঝে অকারণে আমায় ভুল বুঝে?
আমি চেয়েছি শুধু সকলের ভাল, সমাজের ভাল; চাই নি ত নিজের ভাল;
আমি চাইনি কোনকিছু কখনো কারোর কাছে।

২; অচেনা পথ

পথিক আমি, চলেছি একা পৃথিবীর অজানা পথে লক্ষ বছর ধরে।
হেঁটেছি আমি কত বন, কত পাহাড় পর্বত, সমুদ্র সৈকত ধরে।
ঘুরেছি একা আমি পৃথিবীর অচেনা পথে দেশ-বিদেশ দূরে বহু দূরে।
জানি না কবে শেষ হবে আমার অবিরাম পথ চলা; মিলব তাঁর সাথে।

একটা পথে চলতে চলতে পেয়েছি আর একটা অজানা পথের ধারা।
নূতন পথে পেয়েছি নূতন পথের সাথী, হয়েছি আগের পথের সাথী হারা।
পৃথিবীর অচেনা পথে চলতে চলতে রচেছি কত নূতন জীবনধারা।
এমনি ভাবে চলতে হবে আমায় পৃথিবীর অজানা পথে আরো লক্ষ বছর।

পৃথিবীর অজানা পথে আমার অবিরাম পথ চলা জন্ম জন্মাতর।
চলতে চলতে শুনেছি তাঁর অমৃত বাণী, তিনি করেছেন আমায় অমর।
তাঁর ইচ্ছায় আবার ফিরে আসা জানা পথে যাকে ফেলে এসেছি আগে;
জানা পথে জানা পথিকের সাথে আরেকবার মিলিতে ইচ্ছে জাগে।

তাঁর ইছায়, হয় না আমার ইচ্ছা পূরণ, হয়না মিলন পুরানো সাথীর সাথে।
আমায় মিলতে হবে তাঁর সাথে তাই চলেছি শুধু পৃথিবীর অজানা পথে।
নিঠুর এই করেছ ভালো, দিলে না তুমি দিলে না যেতে চেনা জানা পথে।
আমার পথের সাথী, পথের ভালবাসা, পথের আশা পথেই শেষ হল।

অচেনা পথে কেউ জানল না আমাকে; আমারও কাউকে জানা না হল।
শুধু বারে বারে নিত্য নূতন পথে আমার আসা-যাওয়া হল; পথ চলা হল
অজানা পথে এসেছে নিত্য নূতন সাথী; ক্ষণিকের পরিচয় সবার সাথে।
থাকল না কেউ আমার সাথে নূতন পথে; থাকল শুধু ঈশ্বর আমার সাথে।

নিত্য নূতন পথে অচেনা সাথীর সাথে বাইব আমার জীবন তরী সুখে।
নিঠুর এই করেছ ভালো,নাই ত কেউ জানল আমায় এই অনন্ত জীবনে
প্রভু, তুমি আমার শুধু একটা আশা পুরাও, আমার সকল চলার শেষে;
আমি যেন কোন পথে না আসি ফিরে; মিলব আমি প্রভু তোমার সাথে।

৩; অনুরাগ – অনুপ্রেরণা

বন্ধু পরিমলের আত্মজীবনী –'ফেলে আসা দিনগুলি'
সেথায় লিখেছে সে আমার কলেজ জীবনে হাসিকান্নার কথাগুলি।
লিখেছে ফলাও করে-এক কিশোরী ছাত্রীর প্রতি আমি ছিলাম অনুরক্ত।
জানেনা বন্ধু-আমি ছিলাম তখন শিব-শ্যাম-শ্যামার পরম ভক্ত।
বন্ধুকে বলি, পরমেশ্বরের প্রতি থাকে যদি কারুর গভীর অনুরাগ,
কোন মেয়ের প্রতি আসে না তার কোন বিশেষ অনুারগ।
বোঝে না বন্ধু– সব অনুরাগ প্রেম নয়, সব অনুরাগ এক নয়।
ছাত্রীর প্রতি অনুরাগ প্রেম নয়, ছিল ত্যাগ, মমতা ও স্নেহময়।
সেই অনুরাগে ছিলনা যৌবনের উদ্দীপন বা উন্মাদনা।
ছিল শুধু জীবনযুদ্ধ জয়ের অফুরন্ত শক্তি, ত্যাগ ও অনুপ্রেরণা।
বন্ধুকে বলি সেই অনুরাগে ছিল না তথা কথিত প্রেম-ভালবাসা।
সেথায় ছিল শুধু ত্যাগ আর জীবন গড়ার প্রত্যয় ও প্রত্যাশা।

অনেক বছরের পুরানো এক কৈশোর স্নেহ আর ত্যাগের কাহিনী।
যা ঘুমিয়েছিল মনের কোনে– যারে জাগাতে আমি কখনো চাইনি।
বন্ধুবরের আত্মজীবনীতে রয়েছে আমার জীবন-সংগ্রামের কিছু কথা।
যা উস্কে দিয়েছে লিখতে আমায় কিশোরীর স্নেহ, মমতা ও ত্যাগের কথা।
জানি না, ঐ কিশোরী ছাত্রী এখন কোথায় আছে, কেমন আছে;
নিশ্চয়ই সে খুব ভালোই আছে।
হয়ত সে আজ ঠাকুমা- দিদিমা হয়ে বার্ধক্যে পৌঁছে গেছে।
আর নাতি নাত্নিদের নিয়ে মনের আনন্দে দিন কাটাচ্ছে।
এসেছিল সে উল্কার মত আমার গভীর দুঃখের দিনে;
আমারে সাজায়ে সে বিদায় নিয়েছে ব্যাথা নিয়ে মনে।
নামটি এখানে করলাম না উল্লেখ শুধু তার ভালো ভেবে।
যদিও বন্ধুবর নামটি তার করেছে উল্লেখ অগ্র পশ্চাৎ না ভেবে।

জীবন-যুদ্ধের কিছু কথা;

১৯৭৪সালে গোয়েঙ্কা কলেজে ভর্তি হলাম আমি মানুষের সাহায্য নিয়ে।
মেদিনিপুর থেকে কলকাতা ডেলিজার্নি করতে হত পয়সা না পেয়ে।
বাড়ির আমি বড় ছেলে টাকা না দিলে বাড়ি চলবে কেমন করে?
আমি দেখব কেমন করে, বাড়ির সবাই থাকবে অনাহারে?
কলকাতার কলেজে আমার ভর্তি হওয়া, অনেকের কাছে ছিল বিলাসিতা।
তাই আমায় শুনতে হত নানা জনের নানা কুকথা।
প্রতিদিন আট-ঘণ্টা সময় লাগত মেদিনিপুর থেকে কলেজ যাতায়াতে।
হাঁটতে হত রোদে জলে হাওড়া থেকে কলেজে আসতে-যেতে।
রেলের মান্থলি করতে গ্রামের বড়লোক ভিক্ষা ২০টাকা দিত প্রতিমাসে।
আমার মত ভিখারি কিশোরী ছাত্রীর সাথে প্রেম করবে কোন সাহসে।

গ্রামে প্রাইভেট টিউশনে পেতাম না বেশি টাকা,
বাড়িতে দিতে হত প্রায় সবটা; আমার পকেট থাকত ফাঁকা।
থাকত না কিছুই আমার কাছে বই-খাতা, পেন পেনসিল কিনতে।
থাকত না পরসা কড়ি হওড়া থেকে বউবাজার বাস ভাড়া দিতে।
পয়সার অভাবে আমার কলেজ আসা যাতে বন্ধ না হয়ে যায়;
ঘুরেছি হন্নে হয়ে সারা কলকাতায় একটা টিউশনের আশায়।
পেলাম না কিছুই; তাই বন্ধুদের আমি বললাম অনেক করে;
তারা যেন একটা টিউশন খুঁজে আমায় সাহায্য করে।

বন্ধুরা আমার জন্য টিউশন খুঁজতে লাগল আদাজল খেয়ে ।
নচেৎ আমায় গ্রামে ফিরে যেতে হবে কলেজের পাঠ চুকিয়ে দিয়ে।
অনেক কে বলল বন্ধুরা আমায় একটা টিউশন দিতে কলেজের পাশে।
প্রতিদিন রাতে আমায় মেদিনীপুরে বাড়ি ফিরতে হত টিউশন শেষে।
প্রফেসরদেরকে অনেক অনুরোধ উপরোধ করে
অনেক কষ্টে বন্ধুরা আমার জন্য একটা টিউশন জোগাড় করে।
কেশব সেন স্ট্রিটে প্রফেসর জহরলাল গুহের বাড়ীতে।

তাঁর ভাইঝিকে ইংলিশ আর ম্যাথ আমায় হবে পড়াতে।
সপ্তাহে চারদিন সন্ধ্যে৬টা থেকে সাড়ে সাতটা;মাসে বেতন সোত্তর টাকা;
সেদিনের সোত্তর টাকা আজকে সাতশর বেশি টাকা;
কলেজের প্রফেসরের বাড়িতে টিউশন,যেন স্বর্গের চাঁদ হাতে পেলাম।
প্রথম দিন কলেজ শেষে মহানন্দে প্রোফেসরের বাড়িতে পোঁছে গেলাম।

এদিক সেদিক তাকিয়ে কিছুক্ষণ বাজালাম আমি ফ্ল্যাটের কলিং বেল।
কলিং বেল শুনে এক সুন্দরী অবিবাহিতা রমণী বেরিয়ে এল।
রেগেমেগে সে বলল "কি চাই, কাকে চাই, সন্ধ্যা বেলায় কেন দিলে বেল?
আমার রুক্ষ শরীর আর জীর্ণ পোশাক দেখে রমণী বুঝি ভয় পেয়েছিল;
ভেবেছিল- আমি গিয়েছি সেথায় টাকা পয়সা বা ভিক্ষা চাইতে।
পরিচয় পেয়ে রমণী লজ্জা পেয়ে নিয়ে গেল আমায় ঘরের ভেতর।
আমায় দেখে খুশি হলেন ঘরের ভিতরে পাঠরত প্রফেসর।
তিনি ডেকে পাঠালেন তাঁর আদরের ছোট্ট ভাইঝিটিকে।
আদরের ভাইঝি ঘরের মধ্যে আমায় দেখে সে যেন ভূত দেখতে থাকে।
প্রফেসর বলেন "রতন কলেজের ছাত্র,আসে রোজ মেদিনীপুর থেকে।
ও খুব ভালো ছাত্র, পড়াবে তোমাকে ইংলিশ আর ম্যাথ আজ থেকে।"
ভাইঝি বলে-"লাগবে না টিউশন;ইংলিশ ম্যাথ মেজদি দেখিয়ে দেবে।"

মনে হল, আমি সেখান থেকে বিদায় নিলে,ভাইঝি যেন হাঁফ ছেড়ে বাঁচে;
স্যার বোঝালেন; ইংলিশ ও ম্যাথে সে খুবই কাঁচা আছে।
শুনল না কোন কথা, স্পষ্ট বলে দিল-পড়বে না সে আমার কাছে।
এবার বুঝি কলেজ ছেড়ে দিয়ে আমায় গ্রামে ফিরে যেতে হচ্ছে।
আমার করুন মুখ দেখে প্রফেসর স্যার বললেন ভীষণ রেগে;
"রতনই পড়াবে তোমাকে ইংলিশ-ম্যাথ আজ থেকে।"
আবার শান্ত হয়ে তিনি ভাইঝিকে বোঝালেন;
"বোর্ড পরীক্ষায় খুব ভাল রেজাল্ট করেছে রতন।"
কথায় কথায় রাত্রি হয়ে গেল,পড়ানো হল না কিছু প্রথম দিনে।

জলখাবার খেয়ে চলে গেলাম হেঁটে হাওড়া ষ্টেশনে।
তোমরা বল- ঐ ছাত্রীর প্রতি আমার গরীবের অনুরাগ কি করে আসে?

সেদিন হাওড়া থেকে লাস্ট ট্রেনে বাড়ি যেতে যেতে;
টিউশন পাক্কা হয়ে যেতে আনন্দে পৌঁছে গেলাম এক স্বপ্নের জগতে।
ইংলিশ ও ম্যাথ ছাত্রীকে আমি পড়াবো খুব ভাল করে;
সে ইংলিশ-ম্যাথে হায়েস্ট মার্ক্স পাবে ক্লাসে,মন দিয়ে পড়াশুনা করে।
পরের দিন পড়াতে গেলাম মনে ভয় নিয়ে; ছাত্রী শুনবে ত আমার কথা!
সত্যি হল ভয়, ঘৃণা ও রাগে বলল না সে আমার সাথে একটিও কথা।
ঐ সব দেখে অবাক হয়ে বাড়ির সকলে বোঝাল তাকে অনেক করে।
বোঝালে কি হবে; রইল সে বোবা হয়ে নীচের দিকে মুখ করে।

মেজদি যখন মারতে গেল তাকে ভীষণ রেগে গিয়ে;
সে শুনবে আমার কথা; বলবে না কোন কথা; সে বলল ভয় পেয়ে।
এরপর সে আমাকে তাড়ানোর জন্য অনেক ফন্দি এঁটে ছিল।
যেমন ছাদ থেকে বন্ধুদের সাথে আমার গায়ে এক বালতি জল ঢেলেছিল।
পয়সার জন্য এইভাবে করেছি সহ্য তার ঘৃণা অপমান প্রথম ছয় মাস।
ও সব ছিল আমার ধৈর্যের পরীক্ষা আর অদৃষ্টের পরিহাস
ঐ ছয় মাস আমি পড়িয়ে যেতাম, ছাত্রী বলত না একটিও কথা।
এরপর নিরুপায় হয়ে আস্তে আস্তে বলতে লাগল কিছু কথা।
এত কিছুর পর কি ভাবে আসে ঐ ছাত্রীর প্রতি আমার অনুরাগের কথা।

দেখতে দেখতে ছাত্রীর স্কুলে অ্যানুয়েল পরীক্ষা এসে গেল।
ভাবলাম আমি- এবার বুঝি আমার টিউশনটা গেল।
ইংলিশ-ম্যাথে ও নিশ্চয়ই ছাত্রী ফেল হয়ে যাবে।
তখন আমার টিউশনটা নিশ্চয়ই চলে যাবে।
কিন্তু মিরাকেল ঘটে গেল-ইংলিশ ও ম্যাথে ছাত্রী খুব ভালো মার্কস পেল।
ছাত্রীর বাড়ির সবাই অবাক হয়ে গেল; কিভাবে তার ভালো মার্কস এল?

পরীক্ষায় খুব ভালো মার্ক্স পেয়ে সে প্রমান করেছিল-
যদিও আমার সাথে বলত না কথা, আমার সবকথা সে মনদিয়ে শুনেছিল।
যাইহোক শেষ ভালো যার, তার সব ভালো; সে রেখেছে আমার টিউশন।
কি হবে ভেবে – সে আমায় করেছিল কত ঘৃণা আর অপমান।

প্রফেসর স্যার আর ওর দিদিরা আমায় বারেবারে ধন্যবাদ দিতে লাগল।
তারা ভীষণ খুশি, আমার জন্য ছাত্রীর রেজাল্ট হয়েছে খুব ভাল।
তারা সকলে ছাত্রীকে সেদিন আমাকে প্রণাম করতে বলল।
রাগ ও ঘৃণা ভুলেগিয়ে ছাত্রী সেদিন আমায় ভক্তিভরে প্রনাম করেছিল।
ছাত্র-ছাত্রীর রেজাল্ট ভালো হলে, শিক্ষকেরা যে কি আনন্দ পায়,
সে কথা কি কখনো কবিতায় লিখে বলা যায়!
ছাত্রীর মা বড় মুখ করে বলেন – "ছাত্রী তোমার বড়ই বাধ্য মেয়ে,
ও খুব ভাল হয়ে গেছে, তোমার কথামত পড়াশুনা করে মন দিয়ে।"
সেই মাসথেকে আমার বেতন সত্তোর থেকে একশ টাকা হয়ে গেল।
এরপর বোর্ড পরীক্ষায় ছাত্রীর ভাল রেজাল্টের জন্য আমার চিন্তা বাড়ল।
ছাত্রীর রেজাল্টের জন্য আমার চিন্তাটাকে কি বন্ধু অনুরাগ আখ্যা দিল?

৪; অনুরাগ- অবদান

ছাত্রীর এখন নূতন ক্লাস X, নূতন উৎসাহে সে করছে পড়াশুনা;
আগের মত সে আমায় করে না অপমান; করে না ঘৃণা।
কাকুর কছে আমার প্রশংসা শুনে সে প্রশ্ন করে যখন তখন।
জানতে চায় সে আমার গ্রামের দুঃখের জীবন।
জেনেছিল সে ডেলি জার্নি করে আমার কলেজ করার কথা।
একটা জামা ও পায়জামা পরে সারা সপ্তাহ কলেজে আসার ব্যাথা।
পয়সার অভাবে সারা দিন না খেয়ে কলেজ করার কষ্টের কথা।
বইয়ের অভাবে আমার পড়াশুনার ভীষণ অসুবিধার কথা।
মাকে আমার কষ্টের কথা বলতে গিয়ে অবোধ মেয়ে কেঁদে ফেলেছিল।
তার মায়ের কাছে কাঁদার কথা ওর মেজদি আমায় পরে জানিয়েছিল।

আমার জন্য মেয়ের কান্না দেখ, একদিন ওর মা জিজ্ঞাসা করেন আমায়।
তারা যদি আমার জন্য বাড়ি ভাড়া করে আমি থাকব কিনা কলকাতায়।
ওর মায়ের ঐ কথা শুনে আমি আনন্দে আটখান।
ঈশ্বরের করুণায় এবার বুঝি ডেলি জার্নির দুঃখকষ্টের হবে অবসান।
বাড়ি গিয়ে এতবড় সুযোগের কথা মাকে জানালাম ভীষণ খুশি মনে।
মা নিশ্চয়ই কলকাতায় থাকার অনুমতি দিয়ে দেবে- আশা ছিল মনে।
সুযোগের কথা শুনে মা আমার ভয় পেয়ে গেল অদ্ভুত ভাবে।
মা বলে তুই যদি কলকাতায় থাকিস তোর ভাইদের কি হবে।

আমি ছাত্রীর প্রতি অনুরক্ত - আমার শিক্ষিত বন্ধু যেমন ভেবেছিল।
অন্ধ মাও ভুল বুঝে বলেছিল-আমি মেয়েটির প্রেমে হয়েছি পাগল।
মায়ের ঐ ভয়ঙ্কর কথা শুনে আমি দিশাহারা একেবারে
হতাশা-গ্লানি এল মনে; কি ভাবে পড়াশুনা করব আমি ডেলি জার্নি করে।
মায়ের কথা শুনে দিনরাত কেঁদে ছিলাম ঈশ্বরের কাছে।

বলে দাও 'প্রভু, এখন আমার কি করার আছে।'
ছাত্রীর বাড়িতে পড়াতে গিয়ে, মায়ের অসম্মতির কথা বলব কি ভাবে?
মনের দুঃখে আমি কলেজ যাওয়া বন্ধ করেদিলাম নানা কথা ভেবে।

ঈশ্বরের কাছে কেঁদে আমার এক সপ্তাহ বাড়িতে কেটে গেল।
ধ্যানের মধ্যে একদিন হঠাৎ বিবেকানন্দের চারটি বাণী মনে এসে গেল।
১) "সব কিছু ত্যাগ করা যায় সত্যের জন্য;
সত্যকে ত্যাগ করা যায় না কোনো কিছুর জন্য।"
২) "জগতে যদি কিছু পাপ থাকে, তবে দুর্বলতায় সেই পাপ।
সকল প্রকার দুর্বলতা ত্যাগ করো –দুর্বলতায় মৃত্যু, দুর্বলতায় পাপ।"
৩) "যদি সত্যিই মন থেকে কিছু করতে চাও তাহলে পথ পাবে,
আর যদি না চাও তাহলে অজুহাত পাবে।"
৪) "যে রকম বীজ আমরা বুনি, সে রকমই ফসল আমরা পাই।
আমরাই আমাদের ভাগ্য তৈরী করি, সেজন্য কাউকে দোষ দিতে নেই।

ঐ চারটি অমোঘ বিবেকবানী উঠল বেজে মনে ভীষণ ঝঙ্কারে।
অন্তহীন প্রানের আমার চিত্তবীণার তারে।
শপথ নিলাম- ভুলব না আর জীবনের ব্রত কোন ভয় বা আঘাতে।
সরে যাব না আমি জীবন যুদ্ধ হতে কোন মতে।
মনে স্বামীজী বলে গেলেন;"ওহে অমৃতের পুত্র, ছাড়ো শঙ্কা সকল ভয়।
পার হতে হবে জীবনের দুর্গম পথ; লভিতে হবে জীবনযুদ্ধে জয়।
আগের মত কলেজ যেতে শুরু করলাম জীবন যুদ্ধ জয়ের ব্রত নিয়ে।
পড়াতে গিয়ে বললাম; অনুমতি দিল না মা কলকাতায় থাকতে আমায়।
এই ভাবে প্রায় এগার মাস কেটে গেল।
সারাদিন না খেয়ে ডেলিজার্নি করে আমার কলেজে আসা চলতে লাগল।

ছাত্রীর স্নেহ মমতা;

আমার দুঃখে ছাত্রীর দয়া মমতা দেখে আমি ভীষণ কষ্ট পেতাম।
আমার দারিদ্র্যের কথা ছাত্রী জানতে চাইলে আমি এড়িয়ে যেতাম।
কিন্তু একদিন পড়লাম আমি এক ভীষণ বিপাকে
কুতূহল বশে ছাত্রী একদিন এক কঠিন প্রশ্ন করল আমাকে করে।
সকাল সাতটায় বাড়ি থেকে বেরিয়ে রাত্রি এগারটায় বাড়ি ফিরে;
কলেজ আর টিউশন করে আমি পড়াশুনা করি কেমন করে।
প্রতিদিন রাত্রিতে বাড়ি ফিরতাম কলেজ আর টিউশন করে।
ছুটির দিন দেশের বাড়িতে কলেজের ছেলেদেরকে পড়াই আমি।
তাই প্রশ্ন করে; পড়াশুনা কখন করি; কি করে বি কম পাশ করব আমি।
আমি বলি; বই নেই; তাই ট্রেনে যেতেযেতে ক্লাসের লেকচার মনে করি।
এভাবেই আমার প্রতিদিন কলেজের পড়াশুনা করি।

আমার কথায় অবাক হয়ে বলে –এসব কথা তার কাকুকে বলি না কেন?
আমি বলি- প্রোফেসর ভীষণ ব্যাস্ত মানুষ, এসব কথা তাঁকে বলব কখন?
তাছাড়া ছুটির দিনে বাড়িতে কলেজের ফার্স্ট ইয়ারের স্টুডেন্ট পড়াই।
তাদের পড়াতে গিয়ে আমার পড়ে হয়ে যায় অনেকটাই।
আমার কষ্টের কথা সে একদিন বলেদিল বাড়ির সবাইকে।
পরের দিন প্রফেসর কাকু বই কিনতে কিছু টাকা দেন আমাকে।
এই প্রথম আমার কলেজের বই কেনা হল- সবটাই ছাত্রীর দয়ায়।
ছাত্রী বয়সে ছোট হলেও দয়া ও মমতায় বড়দের হার মানায়।

নিন্দুকেরা বলবে দয়া বা মমতা নয়, কিশোরীর প্রেম ছাড়া কিছু নয়।
বন্ধুর মত কেউ অবুঝ হয়, তাতে সত্যের অপলাপ হয়।
দুঃখে ছাত্রী যদি না বাড়াত সাহায্যের হাত আমার জীবন হত দুঃখময়।
বাড়িতে ছোট বোনের মত তার স্নেহ মমতার আমি হয়েছিলাম বিস্ময়।
বাড়িতে এগার বছরের ছোট বোন ছিল যার স্নেহ মমতার তুলনা হয় না।
প্রতিদিন সকালে আমায় না খাইয়ে সে কলেজে আসতে দিত না।
ছাত্রীর মধ্যে ছোট বোনকে দেখতাম; দুজনের স্নেহের ছিল না তুলনা।

আসি এখন ছাত্রীর মমতার কথায়- তার বোর্ড পরীক্ষা এল।
ঠিক ঐ সময়ে আমারও বি-কম পার্ট-ওয়ান পরীক্ষা পড়ল।
দুজনের পরীক্ষার মাত্র একমাস বাকি, তাকে পড়াতে যাব কি ভাবে।
ছাত্রী বলে; তাকে পড়াতে গেলে আমার পরীক্ষা খারাপ হয়ে যাবে।
তাই পড়াতে হবে না তাকে, ঐ একমাস সে নিজে পড়ে নেবে।"
ছাত্রীর কথা শুনে আমি হতবাক; তাকে বলি; তা কি করে হয়;
"এতে তোমার পড়াশুনা খারপ হবে, রেজাল্ট ও নিশ্চয়।
তোমার রেজাল্ট খারাপ হলে, আমায় সকলে দোষ দেবে।
তাছাড়া টিউশনের টাকা না পেলে আমার বাড়িতে সমস্যা হবে।
ছাত্রী বলে নম্রভাবে, "সে সমস্যার সমাধান হয়ে যাবে।"
তার কথা শুনে ভাবতে থাকি-ছাত্রী হঠাৎ এত বড় হল কি ভাবে?
নিজের ভালো দূরে রেখে সে শুধু আমার কথা ভাবে।
সে বলল; আপনি এতদিন অনেক করেছেন আমার জন্য।
আমার ত কিছু করা আছে আপনার জন্য।
জিজ্ঞাসা করি; "শুনতে কি আমি পারি কি করবে তুমি?
সে বলে; নিশ্চয়ই শুনবেন যখন কাকুকে বলব ভেবেচিন্তে আমি।
দরদী ছোট্ট মেয়ে আমার জন্যে ভেবেছিল অনেক স্নেহ মমতার টানে;
নিন্দুকেরা অন্য কিছু বলবে, স্নেহ মমতা কি তারা নাহি জানে।

পরের দিন গেলাম পড়াতে মনে ভীষণ কৌতূহল নিয়ে।
প্রফেসর কাকু চেয়ারে বসে ঘরে, ছাত্রী পড়ছে সেথায় মন দিয়ে।
পড়ানো শেষ হলে ছাত্রী হঠাৎ বলে; 'ইংলিশ ও ম্যাথ রিভিশন হয়ে গেছে;
তাই আপনাকে আসতে হবে না, বাকী পেপারে রিভিশন বাকী আছে;'
ওর ঐ কথা শুনে ভীষণ চিন্তায় পড়লাম আমি।
একমাস পড়াতে না এলে টিউশনের টাকা কি ভাবে পাব আমি?
ওর কথা শুনে প্রফেসর কাকু জিজ্ঞাসা করেন ভাইঝিকে;
ঐ কথা সে কেন বলেনি আগে; বাকী পেপারে রিভিশন কি করে হবে?
ছাত্রী বলে- একমাসে বাকী, পাঁচটি পেপারে তার রিভিশন হয়ে যাবে।

ইংলিশ আর ম্যাথে সে টেস্ট পেপার শল্ভ করে যাবে।
ঐ এক মাস আমাকে হবে না যেতে ইংলিশ আর ম্যাথ পড়াতে।
কাকু বলেন- ভাল হয়, যদি আমি যাই তার টেস্ট পেপার শল্ভ দেখতে।
ছাত্রী বলে, পনের দিন বাদ আমায় একদিন গেলে হবে।
ভুলেনি দরদী ছাত্রী; পনের দিন পর পাব আমি পড়ানোর বেতন।
ঐসব যুক্তি শুনে প্রোফেসর কাকু তার কথায় রাজী হয়ে গেলেন।
একমাস পড়ার ফলে আমার বি কম পার্ট ওয়ান পরীক্ষা ভাল হল;

৫; অনুরাগ ও অভিমান

এরপর দুজনের প্রায় একই সময়ে পরীক্ষা চলে এল;
কিন্তু এর মাঝখানে এক অদ্‌ভুত ঘটনা ঘটে গেল।
বোর্ড পরীক্ষায় ওর ম্যাথ পেপার শেষ দিনে ছিল।
ওকে ম্যাথ দেখাতে আমায় আগের দিন যেতে হল।
সেদিন সে সমস্ত ম্যাথ প্রশ্নগুলি ভালভাবে করে দেখালো।
ম্যাথে একশর মধ্যে একশ পাবে সে সকলকে কথা দিয়েছিল।
ঐ দিন সন্ধ্যায় পড়ানোর শেষে আমার যখন বাড়ি যাওয়ার সময় এল।
অবুঝ ছাত্রী হঠাৎ শিশুর মত কান্নায় ভেঙ্গে পড়ল।
মাকে দেখতে না পেয়ে অবোধ শিশু কাঁদে যেমন করে।
তেমনি করে ছাত্রীর দুচোখে অশ্রুধারা বইছে অঝোরে।
সকলে ভাবল হঠাৎ বুঝি ওর ভীষণ শরীর খারাপ হয়েগেছে।
কাউকে কিছুই বলছে না সে; বাড়ির সকলে ডাক্তার ডাকার কথা ভাবছে
হঠাৎ সে নিষ্পাপ, নির্মল শিশুর মত বলল সরল মনে;
"কাল পরীক্ষা শেষ হয়ে যাবে, মাষ্টার মশায় আর আসবেন না এখানে।
ঐ কথা বারে বারে বলে সে সমানে কাঁদছে।
আর বাড়ির সকলে ওকে নানা কথা বলে সান্ত্বনা দিয়ে যাচ্ছে।
ওর দিদি বোঝাল- আমি আবার যাব তাকে হায়ার ক্লাসে পড়াতে।
দিদির কথায় আমিও রাজী হলাম অবুঝ ছাত্রীর কান্না থামাতে।

আরেক বন্ধু বিকাশ একই কলেজের ছাত্র পড়াশুনায় ছিল না ভাল।
আমি কলকাতায় ছাত্রীর সঙ্গে ঘুরি-এই কথা সে আমার মাকে বলল।
এই কথা শুনে, বাবা-মা ভীষণ রেগে গেল আমায় প্রতি বিশ্বাস হারাল।
তাই ঠিক করি, ছাত্রীর বাড়িতে আমি আর পড়াতে যাব না কোন দিন।
পড়াতে গেলে আমার থেকে ছাত্রীর বেশি ক্ষতি হবে একদিন।
কিছু নিন্দুকের দল জানে না বোঝে না মেয়েদের স্নেহ মমতা;

তাই তারা নিজেদের কথা ভেবে ছড়ায় অদ্‌ভুত কথাবার্তা।

বিদায়

এরপর যথারীতি ছাত্রীর বোর্ড পরীক্ষার রেজাল্ট বেরোল।
এরকিছু আগে আমার বি কম পার্ট ওয়ানের রেজাল্টও বেরিয়েছিল।
প্রোফেসর ভীষণ খুশি- শিক্ষক-ছাত্রীর দু জনেরই রেজাল্ট হয়েছে ভালো।
ওর বাড়ির সকলে বলে; আমার জন্য ছাত্রীর রেজাল্ট হয়েছে ভালো।
একদিন প্রফেসর আমায় বাড়িতে ডাকেন ভাইঝির রেজাল্ট দেখতে।
নানা লোকের নানা কথা ভেবে আমি গেলাম না প্রোফেসরের বাড়িতে।
বাড়িতে গেলাম না বলে ছাত্রী কলেজে আসবে আমার সঙ্গে দেখা করতে
কথা দিয়েছিলাম- পরীক্ষার পর আমি যাব ছাত্রীকে ইংলিশ পড়াতে।
পরীক্ষায় ভালো রেজাল্ট হয়েছে তবুও যাই নি ছাত্রীর সঙ্গে দেখা করতে।
কেন যাই নি- জানেন অন্তর্যামী, ওকে কেউ খারাপ বলুক চাই নি আমি।

ঐ দিন ৫টায় কলেজে আমার ক্লাস শেষ হয়ে গেল।
ছাত্রী কলেজে এসে টিচার্স রুমে অপেক্ষা করেছিল।
অনেক দিন পরে ছাত্রীকে দূর থেকে দেখে আমার আনন্দ হল।
মা আর বন্ধুদের কথা ভেবে আমার ভাল লাগল না ওর সঙ্গে কথা বলতে।
স্যারের নির্দেশে ছাত্রী আমাকে বাড়িতে ডাকে মিষ্টি খেতে।
কলেজ থেকে বেরুলাম দুজনে সকলের সামনে দিয়ে ।
ক্লাসের বন্ধু মেয়ের সঙ্গে আমাকে দেখে বিদ্রুপ আমাদের নিয়ে।।
ফিস ফিস করে ওরা বলে; দেখ দেখ বাঁদরের গলায় মুক্তোর হার;
ঐ বিদ্রূপ প্রফেসরের ভাইঝির জন্য ছিল যথেষ্ট অপমান ও ঘৃণার।
তাই আমার পক্ষে সহ্য করা ছিল ভীষণ ভার।

তাই সেই মুহূর্তে ঠিক করে নিলাম যে কোন উপায়ে;
ছাত্রীর থেকে চির বিদায় নেব আমি তাকে সবকিছু বুঝিয়ে।
ছল করে বলি তারে; "তাড়াতাড়ি আমাকে হবে বাড়ি যেতে।

আজ পারবো না কোন মতে তোমার বাড়ি যেতে।"
চলো আমরা বসি কিছুক্ষণ কলেজ স্কোয়ার পার্কে যদি আপত্তি না থাকে।
আমার ঐ কথাগুলো যেন তার মনে বিনা মেঘে বজ্রপাত এনে দিল
হতবাক হয়ে কলেজস্ট্রীট দিয়ে আমার সাথে সে মৌনী হয়ে হেঁটে চলল।

কিছুক্ষণ পর আমরা দুজনে বসলাম কলেজ স্কোয়ার পার্কে।
আমি বলি; এবার বল কি বলবে বলে বাড়িতে ডেকেছিলে আমাকে।
ছাত্রী আমার কথা শুনে নিজেকে অপরাধী মনে করল।
সে ভাবতে পারেনি কি ভাবে আমার এত পরিবর্তন হল।
হতাশায় তার চোখ দিয়ে সমানে অশ্রুধারা নেমে এল।
আমি তাকে পড়াব আবার শুধু এই টুকু তার আশা ছিল।
কিছুপরে অবোধ ছাত্রী বলে; "বলুন, কোথায় ভূল হয়েছে আমার।
আমি; তুমি করনি কিছু ভুল, যদি হয় কোন ভূল সে ভুল শুধু আমার।

ছাত্রী; "বাড়ির লোক কিছুই চায়নি; তবে কিভাবে ভুল হল আপনার?
আপনার সততা, সরলতা, নিষ্ঠা, আমাদের সকলকে মুগ্ধ করেছিল।
এখানে থেকে ভাল করে পড়াশুনা আপনি বড় হবেন তারা চেয়েছিল
আমি কমার্স নিয়ে পড়ব; আপনি পড়াবেন-এই আমাদের আশা ছিল"
আমি; "বুঝেছিতোমার মনের ব্যাথা, কি করে বুঝাই আমার দুঃখের কথা।
তোমাকে পড়াব কথা দিয়েছিলাম, পারলাম না রাখতে সে কথা।
আমায় তোমরা ক্ষমা করো। আমি নিরুপায়; তাই নিতে চাই বিদায়।
আমি সত্যি অসহায়, প্রিয় বোনটি আমার, ভুল বোঝ না আমায়।"
ছাত্রী; "আপনার রয়েছে কিছু বাধা; তাই পড়াতে পারবেন না আমায়।
আপনার অসুবিধার কথা বাড়ীর সকলকে বলব বুঝিয়ে;
আমি; যদি শোন, তবে বলি আমার কিছু দুঃখের কথা তোমায়;
তাহলে বোঝাতে পারব কেন তোমাদের থেকে নিচ্ছি বিদায়।
ছাত্রী; আমরা জানি, আপনি সর্বদা সত্যি কথা বলেন; বলুন আপনার
কষ্টের কথা; বাড়িতে গিয়ে বলব সব কথা আপনার।

আমি; "জানি, তোমাদের বাড়ির সকলে আমাকে ভাল বাসে বিশ্বাস করে;
তোমাদের সম্মান যাতে নষ্ট না হয়, সেটা দেখা আমার রয়েছে দায়িত্ব।

বলতে দ্বিধা নেই আমি এখন কলেজ করছি তোমার কাকুর দয়ায়।

তোমাকে পড়ানোর টিউশন যদি না হত; কলেজ ছেড়ে দিয়ে গ্রামে ফিরে যেতে হত আমায়। কলেজে পড়া হত না আমার।

ছাত্রী; এসব কথা বলবেন না; শুনলে কষ্ট পাই আমি; বলুন অন্য কথা।

আমি; এ সব হল তোমাদের প্রতি আমার কৃতজ্ঞতা স্বীকার; ভবিষ্যতে হয়ত আমার বলা হবে না আমার। বি কম অনার্স পার্ট ওয়ান পরীক্ষায় আমার রেজাল্ট ভাল হয়েছে; আমি ভুলব কি করে তাতে অসামান্য অবদান রয়েছে তোমার। পরীক্ষার সময় আমি যদি একমাস পড়াশুনার সুযোগ না পেতাম, নিশ্চিত বি কমপার্ট ওয়ান পরীক্ষায় ফেল হয়ে যেতাম।

ছাত্রী; দয়া করে বলুন কেন যাবেন না আমার বাড়িতে; এসব কথা কেন বলছেন আমায় এখানে।

আমি; এবার শোন আমার দুঃখে কথা, কেন পড়াতে তোমাকে। আমার বন্ধু বান্ধব, আত্মীয়রা তোমাকে আমাকে নিয়ে বলছে অনেক কুকথা ।

তারা বোঝে না তোমার আমার মধ্যে ভাই-ভগ্নির পবিত্র সম্পর্ক। কলেজে কিছু বোকাটে বন্ধুও এই নিয়ে করে বিদ্রুপ। এমন কি তোমার কাকু ক্লাসে গেলে ফিস ফিস করে বাজে কথা বলে। যদি কোনদিন বোকাটে বন্ধুদের কুকথা শুনে ফেলেন, আমার খুব খারাপ লাগবে। নিঃস্বার্থভাবে তোমরা করেছ আমার সীমাহীন উপকার; কি ভাবে সহ্য করি তোমাদের অপমান; চাই না আমি আমার জন্য চলে যাক তোমাদের মান সম্মান। আমি ভুলব না কোনদিন তোমাদের অশেষ দান। তুমি যদি সত্যি আমায় দাদার মত ভালবাস, তুমি শোন দাদার কথা।বাড়ি গিয়ে সবাইকে বল আমার করুন ব্যাথা। আমি কথা দিয়ে কথা রাখতে পারি নি; তুমি আমাকে ক্ষমা করে দিও। ভাল করে পড়াশুনা করে জীবনে খুব বড় হও, আমাকে ভুলে যেও।

দাদার এইটুকু আশা পূরণ করবে আমার দৃঢ় বিস্বাস। ফেল না দীর্ঘশ্বাস।

খুশী থাকো, ভালো থাকো, তোমায় আমি করব স্মরণ, মিছে করো না অভিমান।

ছাত্রী; আমি ভাবিনি এত গভীর কথা; যা আপনাকে দিয়েছে অনেক ব্যাথা। এখন আমার নেই কিছু বলার; সকলের ভালোর জন্যে আমি নিচ্ছি বিদায়।বলি পরিশেষে- আপনি ছিলেন আমার শক্তি, প্রেরনা আমার জ্ঞান, আমার সকল দুর্ব্যবহার ক্ষমা করে আপনি দেখিয়েছেন জ্ঞানের দিশা।

আমায় প্রথম বলেছেন আপনি স্বামী বিবেকানন্দের অমৃত ও জ্ঞান।

আপনি আমার জীবনের অনুপ্রেরণা, পথের দিশা, ভুলব না দাদার এই দান। আপনি আমায় বোনের মত ভাল বেসেছেন; এইত আমার অহংকার ও অভিমান।

৬; আমি, তুমি ও তিনি

আমি কে, তুমি কে –আমারা ক জন জানি?
যদিও জানে কিছু মানুষ –সেটা কজন আমরা মানি।
আমরা দেহ নয় বা মন নয়, আমারা কেবল আত্মা অব্যয়।
আত্মার নাই কোন ক্ষয়, আত্মা ভিন্ন নয়, আত্মা অসীম অনন্ত হয়।
এসব হল গীতা ও বেদান্তের শিক্ষা -আমার বা তোমার কথা নয়।

ভবানী অষ্টকমে রয়েছে লেখা; "আমার পিতা নাই, মাতা নাই,
বন্ধু নাই, পৌত্র নাই, পুত্র নাই, কন্যা নাই, ভৃত্য নাই, প্রভু নাই,
স্ত্রী নাই, বিদ্যা নাই, জীবিকা নাই; হে ভবানি তুমিই আমার গতি।
এ হল আদি শঙ্করাচার্যের অদ্বৈতবেদান্ত তত্ত্ব।
এটা যদি মানি-কেউ মারা গেলে কেন আমরা পাই কষ্ট এত।

বেদান্ত বলে – "না আমি না তুমি না সে -শুধুই তিনি"
না পুত্র, না পুত্রী, না পিতা, না মাতা -কেবলই তিনি
থাকবো না কেউ কাউকে বলতে- 'আমি তোমাকে চিনি'।
এটা যদি মানি-কেন আমরা শুধু আমার আমার করি।
জড় ভরতের উপাখ্যানে বর্ণিত হয়েছে এই তত্ত্বখানি।

জড় ভরতের উপাখ্যানে
সুবাহু নামেতে ছিলেন রাজা ভারতের এক রাজ্যের।
জ্ঞান লাভের জন্য যাচ্ছিলেন তিনি কপিলের ঘরে।।
রাজ-পালকি চড়ে রাজা চলেন কিছুক্ষণ।
পারছে না চলিতে পালকির বাহক একজন।।
একজন না চলিলে কেমনে চলিবে বাকী তিন জন।

পালকি চলে না কোনমতে সকলে পড়িল ভীষণ বিপাকে।।
নৃপতি হলেন ভীষণ রুষ্ট সকলের অচল অবস্থা দেখে।

বাহকেরা হঠাৎ দেখল জড়ভরতকে ধানের খেতে।
শক্তসমর্থ দেখে ধরে আনল তাকে বাহকের কাজ করাতে।
নৃপতির আদেশে জড়ভরত তৎক্ষণাৎ রাজার পালকি কাঁধে নিল।

যদিও হৃষ্ট পুষ্ট ছিল, অতি সন্তর্পণে চলিতে লাগিল ভরত মহাশয়।
কোন প্রাণী পিপীলিকা পাছে পায়ে পিষ্ট হয়ে মারা যায়।
তার পদাঘাতে কোন প্রাণী মরলে নরকে তার স্থান হবে।
অতি সন্তর্পণে ভরতের চলার ফলে, অন্য বাহকেরা পড়ল বিপাকে।
ভীষণ রেগে গিয়ে রাজা বলেন -এত ধীরে চললে আমি পৌঁছাব কিভাবে।

নৃপতির কথা শুনে ভরত মহাশয় ধীরে চলার কারন করেন বর্ণন।
অন্যেরা বলে বেগার বহিছে ভরত তাই পালকি করছে টলমল।
এই শুনে রাজন তারে করে নিরীক্ষণ আর বলেন;
শুনিব না আমি তোমার কোন কারন বিশ্লেষণ;
হৃষ্টপুষ্ট তুমি ভালকরে বহ পালকি আমার না করে বেশি বচন।।

ভরত বলিল ধীরে, "রাজন, কেবা কারে বয়।।
ধরিত্রী বহে পদ, পদ বহে জানু; জানু বহে ঊরু,
ঊরু বহে তনু। তনু বহে বক্ষ, বক্ষ বহে গলদেশ,
গলদেশ মস্তক বহে; কেবা বহে কারে।
তোমার গালাগালি আমার উপর নাহি কাজ করে।

রাজা তুমি জেনে রাখো, দেহ নই আমি; আত্মা আমি।
আত্মা সুক্ষ, নিরাকার, তাকে যায় ছোঁয়া, যায় না নষ্ট করা।
তাকে যায়না হত্যা করা অথবা ধ্বংস করা।
তুমি যা বলেছ, শুধু আমার নশ্বর দেহকে করেছ অপমান;
সে অপমান স্পর্শ করে না আমর আত্মারে; আত্মা সর্বত্র বিরাজমান।

তোমার আত্মা আমার আত্মা সবই এক; আসে পরমাআত্মা হতে।
তোমার আত্মা আর আমার আত্মাকে যায় না পৃথক করা কোনমতে।

তাই তুমি আমারে কর যত অপমান, সে অপমান তোমার আত্মারে হয়।
মনে রেখো- দেহ-আত্মা কখন এক নয়; আত্মার মৃত্যু কভু নাহি হয়।
যত বড় রাজা হও না কেন তুমি, তোমার তিরস্কার;
স্পর্শ করবে না কিছুতেই আত্মা আমার।

তুমি পালকিতে বসে আছ, হে নৃপবর; তোমাকে বইব কেন বল নরেশ্বর?
ইহা শুনে রাজা বিস্মিত হল; পালকি হতে নৃপতি তখনি নামিল।
রাজা বলেন-আমি কেন যাব অন্যের কাছে; যখন পেয়েছি তোমারে।
এই বলে রাজা ভরতকে ভক্তিভরে প্রনাম করে স্তুতি করেন তার;
দুই হাত যোড়করে বলে; ওহে মহাশয়, ক্ষমা কর অপরাধ আমার।
রাজা নিবেদনে বলে, আমি বহু পাপ করেছি নিশ্চয়।।
কৃপা করে যদি দাও আমারে উপদেশ;
তোমার কৃপায় পাইব নিশ্চয় পথের নির্দেশ।

ভরত ঠাকুর মহাশয় তখন সুবাহু রাজারে কৃষ্ণমন্ত্র দিলেন।
এরপর রাজা সৈনসামন্ত নিয়ে রাজপ্রাসদে ফিরে গেলেন।
ভরত ঠাকুরের কাছে দীক্ষিত হওয়ার পরে
কৃষ্ণ বিনা অন্য কিছু আসে না রাজার মুখে।
জড় ভরতের কাহিনী বিরাট উপাখ্যান রয়েছে মহাকাব্য মহাভারতে।
ছোট করে লিখলাম- অন্যকে অপমান ও অভিশাপের পরিণাম বোঝাতে।

আমার আত্মা, তোমার আত্মা এক- এভাবে মনে করি;
তবে কেন আমরা অন্যেরে মারি ধরি ধ্বংস করি।
অন্যেরে ধ্বংস করলে নিজেকে ধ্বংস করা হয়।
অন্যকে ভালবাসলে নিজেকে ভালবাসা হয়।
এক আত্মার সঙ্গে আর-এক আত্মার নিবিড় সম্বন্ধ রয়।

অদ্বৈতবাদীর মতে জগতে একটাই সত্য হয়।
তাহাঁকে ব্রহ্ম বলা হয়; একমাত্র ব্রহ্ম সত্য হয়।
জগতে বাকী সকল বস্তু মিথ্যা ধরা হয়।
কারন ঈশ্বরের মায়ার দারা অন্যবস্তু উদ্ভাবিত হয়।

জগতের প্রতিটি জীব ব্রহ্ম থেকে আসে;
লক্ষ লক্ষ জন্ম-মৃত্যুর পর প্রতিটি জীব ব্রহ্মাতে ফিরে পরিশেষে।
অদ্বৈতবেদান্ত বলে- সকল জীব সেই ব্রহ্ম হয়।
ব্রহ্মাই সত্য, বাকী সব মায়া-সমন্বিত হয়।

আমরা যদি মায়াথেকে মুক্তি লাভ করি।
তবেই আমারা ব্রহ্মাতে মিলতে পারি।
বেদান্ত দর্শন বলে- জীবের তিনটি অংশ আছে;
দেহ, মন এবং মনের পশ্চাতে আত্মা রয়েছে।

দেহ- আত্মার বাহিরে ও মন আত্মার ভিতরের আবরণ।
এই আত্মাই হল প্রকৃত জ্ঞাতা এবং প্রকৃত ভোক্তা।
মনের সাহায্যে দেহকে পরিচালিত করে একমাত্র আত্মা।
জড় দেহে আত্মা ছাড়া সবকিছুই জড় হয়; আত্মাই সত্য হয়।

৭; কে আপন কে পর

অনেকে বলে; 'এ সংসারে কে যে আপন, কে যে পর'-বুঝা বড় ভার।
আমি বলি– সকলেই আমার আপনজন; কেউ পর নয়ত আমার।
সুখ দুঃখ আসে চক্রবৎ; কেউ দুঃখ দিলে কেন বলব-সে আমার পর।
উপনিষদ বলে-বসুধৈব কুটুম্বকম' –সারা পৃথিবী এক পরিবার;
তাহলে কি করে বলব-কেউ আমার পর।
জানি, আত্মীয়সজন অনেক সময় ভাবে আমায় পর।
যে আমায় যাই ভাবুক, আমি কাউকে কখন ভাবি না পর।

কি হবে আপনজনকে পর ভেবে, যেতে হবে সকলকে
আজ নয়ত কাল এই ধরাভুমি থেকে।
এসব শুনে বন্ধুরা বলে -এসব হল তত্ত্ব কথা; বাস্তবে মিল কোথায়।
তাদের যুক্তি-সুখের সময় সকলে হয় আপনজন;
দুঃখের সময় দূরে থাকে অনেক আত্মীয়-স্বজন।
তাদের বলি –এ ঘটনা ঘটে অনেক- যা কষ্ট দেয় আমাকে।
সেটা দিয়ে আমি করবো না বিচার সারা জগতটাকে।

কি হবে আপনজনকে পর ভেবে মনে ব্যাথা দিয়ে;
কি হবে হতাশায় একেলা বসে থেকে মনে কষ্ট পেয়ে।
অনেক ভালো সকলকে আপন ভেবে থাকা মনের আনন্দে।
মা বাবা ভাই বোন আর বন্ধুজন সকলেই আপনজন;
কেন কষ্ট পাবো নিজে তাদেরকে ভেবে সন্দেহ-ভাজন
বাবা মা সন্তানকে পৃথিবীর আলো দেখায়, সন্তানকে বড় করে সর্বশ দিয়ে;
তারা কিভাবে সন্তানের পর হ; যদি না বাবা মা বিপথে যায়।

মা আমাদের ক্ষুধা, তৃষ্ণা, নিদ্রা; মা এর মত আপন কেউ হয় না জীবনে।
ছোটবেলায় সবাই আমরা খাই খেলি ঘুমাই মায়ের সাথে সর্বক্ষণে।
কিভাবে সেই প্রানের মা পর হতে পারে কারুর জীবনে।
কেউ যদি সুখের তরে বৃদ্ধ পিতামাতাকে পর ভেবে করে অবহেলা।
তার সন্তানও পরে এটাই শিখে; একিভাবে তাকে করবে অবহেলা।

ভাইবোনের ভালবাসা নয় ক্ষণিকের প্রেম, সারা জীবনের আকর্ষণ;
তারা পরস্পরের চির আপনজন; যদিও থাকে বিদ্বেষ বা কথা কাটাকাটি।
তবুও তারা হয় না কখন পর; তারা যে সবাই একই মায়ের সন্তান।
রক্তের সম্পর্ক ভুলে গিয়ে কিছু ভাইবোন করে মারামারি।
পৈত্রিক সম্পত্তি নিয়ে তারা করে কাটাকাটি; করে কোটকাচারি।

রক্তের সম্পর্কের কথা ভেবে, কেউ যদি কিছুটা ত্যাগ করে;
বন্ধ হয়ে যায় সব কোর্ট কাচারি আর মারামারি।
তারা সকলে একই মায়ের সন্তান, ক্ষতি কি তাতে;
কেউ যদি কিছুটা ত্যাগ করে, কেউ যদি কিছু বেশি নিয়ে থাকে।

বন্ধু থাকলে পাশে দুঃখ হতাশা নিমেষে চলে যায় ।
বন্ধুর মধুর কথায়; নিঃস্বার্থ ভালবাসায়।
বিপদে আপদে আত্মীয় সজন ছেড়ে যায়।
প্রকৃত বন্ধু বিপদে হয় একমাত্র সহায়।
হতাশায় বন্ধু হয় সান্ত্বনার প্রলেপ, প্রেরনার লহর।
প্রকৃত বন্ধু হয় চির আপন, হয় না কখন পর।
জীবন আঁধারে বন্ধু জ্বালায় শান্তির প্রদীপ হয় না কভু পর।

স্বামী-স্ত্রীর চিরপ্রেমের বন্ধন ভাঙ্গে না কখন, তা চির আকর্ষণ।
যদি থাকে পরস্পরের নিরাপত্তা ও অটুট বিশ্বাসের বন্ধন।
অনেকে বোঝে না, বিবাহ এক পবিত্র বন্ধন, দুটি স্বত্ত্বার অখণ্ড মিলন।

দুটি মন বা হৃদয়ের আকর্ষনে সৃষ্ট দাম্পত্য জীবন এক আধ্যাত্মিক দর্শন।
স্বামী-স্ত্রী সুখ দুঃখের জীবনসঙ্গি এটা মানলে আসে সুখী দাম্পত্য জীবন।
আজ সমাজে স্বামী-স্ত্রীর প্রেম ও বিশ্বাসের বন্ধন হয়েছে অনেক শিথিল।
বধু-নির্যাতন, পরকীয়া, লোভ-লালসা স্বামী-স্ত্রীর বন্ধনে এনেছে ফাটল।
স্বামী স্ত্রী তখন হয়না আপনজন যখন তারা মানে না বিধির নিয়ম।

সন্তান হয় সদা পিতা মাতার নয়নাভিরাম
সন্তান সদা বাগানে ফোটা সবকটা ফুলের সমান।
সন্তানের প্রতি পিতা-মাতার স্নেহ ভালবাসা সমুদ্র-সমান।
সন্তান সর্বদা পিতা মাতার নিজের থেকে বেশি আপনজন।
পিতা মাতা তাই সন্তানের পরমগুরুজন।
পিতা মাতার আশীর্বাদে সন্তানের হয় উৎকৃষ্ট জীবন।

বর্তমান সমাজে কিছু সন্তানের কাছে পিতা-মাতা হয়েছে বিরাগভাজন।
ভোগবিলাসে লিপ্ত উচ্ছৃঙ্খল সন্তান বৃদ্ধ পিতা-মাতাকে বৃদ্ধাশ্রমে পাঠায়।
এই অপরাধ সেই সন্তানেরা করে যারা ভুল শিক্ষা পায়।
সন্তান কু হতে পারে, পিতা মাতা কিভাবে খারাপ হয়।
শত দুঃখ কষ্টে, পিতা-মাতার কাছে সন্তান সর্বদা আপনজন হয়।
বৃদ্ধ পিতা-মাতা মনের দুঃখে ভাবে এই দুনিয়া আর সেই দুনিয়া নাই।
মানুষ নামের মানুষ আছে; আগের মানুষ নাই।।

সুখ চাই, শান্তি চাই বলে আপনজনকে দূরে রেখে;
ভোগ বিলাসে মত্ত হলে, মানুষ শান্তি পায় না মনে।
জীবনে সুখ শান্তি পেতে হলে ভোগ নয়, ত্যাগের আদর্শ মানতে হয়।
আমরা সকলে অল্প সময়ের তরে এই পৃথিবীতে আসি;
মনে ভীষণ শান্তি পাই যদি আমরা সকলকে সমান ভাবে ভালবাসি।
অনেক শান্তি ও আনন্দ আসবে জীবনে আমরা যদি মানি;
মেরেছে কলসির কনা, তাই বলে কি প্রেম দেব না-শ্রীচৈতন্যদেবের বানী।

৮; আমিত্ব

আমার আমি এসে গেছে
তাই বুঝি সব চলে গেছে।
ছোট বেলায় আমি যখন ছিল না আমার কাছে
তখন সবাই বাসত ভাল, সবাই আসত কাছে।
অনেক বুঝাই, তবুও আমি জোর করে আমার সাথে থাকে।
আমি চলে গেলে সবাই আসবে ফিরে, থাকব তখন সুখে।

আমার আমিকে ভুলে থাকতে চাই।
কিন্তু উপায় খুঁজে না পাই।
আমার আমিকে চির তরে বিদায় দিতে চাই।
আমি থাকলে সাথে, সবার মনে পাবো না যে ঠাঁই।

আমি থাকলে সাথে, চাইব বড় বাড়ি, চাইব বড় গাড়ি
চাইব অনেক জায়গা জমি। চাইব অনেক টাকাকড়ি।
আমি থাকলে সাথে, বাড়বে অভিমান, আসবে অহংকার।
হারাব তখন প্রেম, প্রীতি, শান্তি ও ভালবাসা সবার।

আমি চাই না বড় বাড়ি, চাই না গাড়ি, চাই না ব্যবধান।
চাই যে শুধু প্রেম ভালবাসা আর জীবন মুক্তি, হে ভগবান।
বুঝেছি এতদিনে, আমি নিয়ে আসে আমার অহংকার আর ব্যবধান।
জীবনে তখন সমস্যা বাড়ে, সংঘাত বাড়ে; হয় না কোন সমাধান।

ছেলেবেলার এত খুশি এত হাসি কোথায় গেল?
সেদিনের প্রানভরা আনন্দ উচ্ছ্বাস কোথায় গেল?
যেদিন থেকে জীবন আমিত্বে ভরে গেল।
সব বুঝি বিদায় নিল; না পাওয়ার ব্যাথায় জীবনটা ভরে গেল।

যেদিন থেকে আমার মণে আমিত্ব এল।
সেদিন থেকে অনেক প্রানের মানুষ বিদায় নিল।
জীবনে আঁধার কালো নেমে এল;
রইনু পড়ে আমি নিয়ে; সবই যে হায় গেল চলে।

আমি এখন কর্তা হয়েছে, সবাইকে সে তাড়িয়ে দিয়েছে।
স্ত্রী, পুত্র, বিষয় আশয় ও দম্ভ নিয়ে পড়ে রয়েছে।
বোঝে না অজ্ঞ আমি-স্ত্রী, সন্তান, স্বজন, বিষয় একদিন চলে যাবে।
সব হারিয়ে বদ্ধঘরে আমি কর্তাকে একেলা মরতে হবে।

হে ভগবান, দাওনা ভেঙ্গে বদ্ধ-হৃদয় তোমার পদাঘাতে
প্রানের মানুষ আসবে সবাই অবাধ স্রোতে।
ভরবে জীবন হাসি খুসি, আনন্দ উচ্ছাসে।
আমিত্ব তখন সবার কল্লোলে হিল্লোলে যাবে ভেসে।

৯; ঠাকুরমার ঝুলি

ঠাকুমা মানে আবোল তাবোল গল্প বলা।
গ্রীষ্মের দুপুরে আম আর টাটকা আমসত্ত খাওয়ার পালা।
ঠাকুমা মানে দুয়োরানি শুয়োরানির গল্প শোনা।
ঠাকুমা মানে রামায়ণ মহাভারতের গল্প শোনা।
ঠাকুমা মানে শীতে লেপের ভিতর ভুতের গল্প শোনা।
ঠাকুমা মানে পুরান আর রূপকথার কাহিনী শোনা।

ঐসব কিছুই ছিল আমার ঠাকুমার ঝুলিতে।
আমার ঠাকুমার আরও কিছু ছিল যা পারিনি এখণো ভুলতে।
আমার সাধ জাগে ঠাকুমার ঝুলি থাকে তোমাদের কিছু বলি।
ঠাকুমা রসেবসে বলত সুন্দর প্রবাদ বাক্যগুলি।
যাদের অর্থ গূঢ় থেকে গূঢ়তর হত।
সেসব গূঢ় তত্ত্ব গল্পের মাধ্যমে ঠাকুমা আমায় বুঝিয়ে দিত।

ঠাকুমার কথা মনে পড়ে বৈষ্ণব বৈষ্ণবীদেরকে মঠে মন্দিরে দেখে।
আমার ঠাকুমা অনেকগুনে আলাদা ছিল আজকের বৈষ্ণবীদের থেকে।
ঠাকুমা ছিল দ্বৈতদ্বৈত বৈষ্ণব থাকত সন্ন্যাসিনী হয়ে বিশয় ছেড়ে।
থাকত একা কুঁড়ে ঘরে সংসারের সুখভোগ ছেড়ে।
ত্যাগ ও বৈরাগ্যের মহান আদর্শে সে খেত স্বপাকে মাধুকরী করে।
ঘুরে বেড়াত গয়া, কাশি, মথুরা বিন্দাবন, ঢুকত না ছেলেমেয়ের সংসারে।

ঠাকুমার কথা মনে পড়ে যখন পড়ি মহাপ্রভু চৈতন্যদেবের জীবনী।
ঠাকুমাই প্রথম বলেছিল আমায় চৈতন্যদেবের অলৌকিক জীবন কাহিনী।
বড় হয়ে চৈতন্যচরিতামৃত পড়ে আমি বৈষ্ণব তত্ত্ব সহজে বুঝতে পারি।
ঠাকুমাই প্রথম আধ্যাত্মিক জীবন ধারায় দিয়েছিল আমার হাতে খড়ি।

ছোটবেলায় ঠাকুমা প্রায় নিয়ে যেত আমায় বৈষ্ণব ভক্তদের মিলনক্ষেত্রে।
ঠাকুমার সৌজন্যে আমি পেয়েছিলাম সাধুসঙ্গ খুব ছোট থেকে।

ঠাকুমার কথা মনে পড়ে যখন আমি ঈশ্বর কথা পড়ি বা লিখি।
ঠাকুমার কথা মনে করে মনের অনেক ব্যথা আমি লাঘব করি।
জীর্ণতার মাঝে ঠাকুমার অভয়বাণী আমার আনন্দস্বরূপ হয়।
দুঃখ, দারিদ্র হতাশাভরা আমার কৈশোরে ঠাকুমা আশার প্রদীপ জ্বালায়।
বড় সাধ করে, ঠাকুমার কিছু জ্ঞানের কথা বলি।
ভাল লাগলে মনে রেখো, নাহলে দিও ফেলি।

ঠাকুমার কথা মনে পড়ে বেশি যখন নূতন কোন বই লিখি আমি।
স্কুল ও কলেজে পড়ার সময় পয়সার অভাবে বই কিনতে পারিনি আমি।
বইয়ের কষ্ট জেনে আমায় বলত; "বই নেই বলে দুঃখ করিস না ভাই।
বড় হয়ে ঈশ্বরের আশীর্বাদে লিখবি অনেক বই; লোকে পড়বে তোর বই।"
তাঁর স্বপ্ন সত্যি হয়েছে আজ, লিখেছি আমি বেশ কয়েকটি বই।
ঈশ্বরের অশেষ করুণা আর ঠাকুমার আশীর্বাদ ছাড়া আমার ক্ষমতা কৈ।

ঠাকুমার কথা মনে পড়ে গোয়েঙ্কা কলেজের কথা মনে এলে পরে।
পয়সার অভাবে কলেজ করতাম আমি প্রতিদিন ন-ঘণ্টা ডেলিজার্নি করে
ঠাকুমা একদিন প্রশ্ন করে, কলেজে পড়তে, আমি কেন এত কষ্ট করি।
আমি ত পড়তে পারি বাড়ির কাছে তমলুক কলেজে।
কলকাতার কলেজে এমন কি পড়ি, যা যায় না পড়া তমলুক কলেজে।
বুদ্ধিমতি ঠাকুমার প্রশ্ন ছিল খুবই প্রাসঙ্গিক উত্তর দিতে পারিনি সহজে।

ঠাকুমার কথা মনে পড়ে আমি যখন নাতিকে স্ট্যাটিস্টিকসে ট্যালি বুঝাই।
গিন্নী ঠাকুমা ধানবিক্রির হিসাব রাখত মাটির দেওয়ালে ট্যালি পদ্ধতিতেই।
ঠাকুমা হঠাৎ একদিন প্রশ্ন করে- কলেজে তুই পড়িস কোন বিষয় নিয়ে।
অবোধ বালক আমি, বুক ফুলিয়ে বলি; পড়ি আমি হিসাবশাস্ত্র নিয়ে।

হিসাব আবার শাস্ত্র নাকি? শাস্ত্র বলতে আমরা ধর্মশাস্ত্র, দর্শনশাস্ত্র জানি।
তোরা কি এসব শাস্ত্র জানিস? না জানলে বলিস; বলব আমি যা জানি।

ঠাকুমার কথা মনে পড়ে আমি যখন গীতা, উপনিষদ বা দর্শনশাস্ত্র পড়ি।
ঠাকুমাই বলেছিল দর্শনশাস্ত্র কি ও আমি যেন বড় হয়ে দর্শনশাস্ত্র পড়ি।
ঠাকুমার কথা মনে পড়ে আমি যখন;
২০২১সালে বাড়ির হরিমন্দির পুনঃস্থাপন করি।
আমি যখন শিশু ছিলাম, দাদু-ঠাকুমা বাড়ির হরিমন্দির প্রতিষ্ঠা করেন।
এক সাধু প্রশ্ন করেন; মন্দির ভেঙ্গেগেলে মন্দির পুনঃনির্মাণ কে করবে?
ঠাকুমার উত্তর; মন্দির ভেঙ্গেগেলে আমার নাতি রতন পুনঃস্থাপন করবে;

ঠাকুমার কথা মনে পড়ে যখন আমি শ্রীগোপালের পুজা করি প্রতিদিন।
ঠাকুমা বলত আমায়; কৃষ্ণের পূজা না করে আমি যেন না খাই কোনদিন।
প্রেম ও ত্যাগের মন্ত্র পেয়েছি প্রথম ঠাকুমার বৈরাগ্যের জীবনধারা থেকে;
ঠাকুমাই প্রথম বলেছিল ত্যাগেই আনন্দ যা আসেনা ভোগ বিলাস থেকে।
অনেক দিন হল ঠাকুমা দেহত্যাগ করেছেন, কিন্তু ভুলিনি মোটেই তাঁকে।
পরের জন্মে ঈশ্বর যেন এই রকম সরল ও ত্যাগী ঠাকুমা দেয় আমাকে।

১০; তোমরা যা বলো তাই বলো

তোমরা যা বলো তাই বলো- তোমরা সবই আমার ভালো।
বয়স অনেক হোল-করব কি আর বলো?
অনেক কিছুই এখনোও- হয়নি আমার বলা
তাই হয়েছে আমার কবিতা লেখার পালা ।
এতবছর ধরে বহু মানুষের সাথে-হয়েছে দেখাশোনা।
তাদের কথা আমার মনে করে আনাগোনা।
তাদের কথা কেমন করে ভুলি বলো।
কবিতায় বলবো শুধু তাদের কথা, কেমন লাগলো বলো।
তোমরা যা বলো তাই বলো- তোমরা সবাই আমার ভালো ।

কবিতা লিখতে গিয়ে মন হয়েছে ভীষণ আনমনা ।
মনে যা আসে লিখব ভাই, মন কিছু গোপন রাখতে চায়না।
মনের মানুষ খুঁজতে ব্যস্ত এখন মনটা আমার।
খুঁজতে গিয়ে মনে পড়ে পুরনো কথা আমার-তোমার।
তোমার সঙ্গে আমার হয়েছিল কত হাঁসি খেলা।
সাঙ্গ হয়েছে সকল খেলা, বয়ে গেছে শেষ বেলা।
স্মৃতি টুকু থাকলো লেখায় আমার কিছু কবিতায়।
বাকি সব যাক না চলে জীবনের আসা যাওয়ায়।
তোমরা যা বলো তাই বলো, তোমরা সবাই আমার ভালো।

বসন্তের কোকিল করে যখন কুহু কুহু।
ছোটবেলার স্মৃতিগুলি এলে মনে-মনটা করে হু হু।
পুরনো কথা মনে এলে অশ্রুবারি পড়ে ঝরে।
ফুলের মত প্রিয়জনের মুখগুলি- ভুলি কেমন করে।
গ্রামের রাস্তা দিয়ে সকাল বেলা দৌড়ে দৌড়ে স্কুলে যাওয়া
গাছে গাছে বহু রঙের ফুল ফোটা, কোয়েল দোয়েলের গান গাওয়া।

সবই যেন আজও ভেসে আসে যখন বয়ে বসন্তের মিষ্টি হাওয়া।
তোমরা যা বলো তাই বলো, তোমরা সবাই আমার ভাল।

মায়ের মুখের মিষ্টি হাঁসি, তার চুমুখাওয়া গুলি সবই আসে মনে।
বাবার চোখ রাঙ্গানি, তার কিল থাপ্পড়–সবই আছে মনে।
ভাইদের ঝগড়াঝাটি, কাড়াকাড়ি, মাঠে কাজ করা, পুকুরে মাছ ধরা;
না খেয়ে স্কুলে যাওয়া, স্কুলে যাওয়ার আগে বাড়ির মন্দিরে পূজা করা।
স্কুল থেকে এসে ধানের খেতে কাজ করা, বাড়ির ফসল হাটে বিক্রি করা।
তোমরা যা বলো তাই বলো, সবই আমার ভাল; মন পুরনো স্মৃতিতে ভরা।
স্মৃতিগুলি মনের মধ্যে সদা করে আনাগোনা; সেগুলি কবিতায় তুলে ধরা।

ভ্রমর যেমন ঘুরে বেড়ায় মধুর গুঞ্জনে মোমাছি যেমন মধু খুঁজে;
বৃদ্ধ বয়সে আমার মন তেমনি ছোটবেলারস্মৃতি গুলি বেড়ায় খুঁজে।
তাই দুঃখ, হতাশা, রোগ-জ্বালা আমায় কাবু করতে পারে না মোটেই।
দুঃখ, বিষাদ, ভুলে আমি শুধু স্মৃতি ঘরে মনের মানুষ খুঁজে বেড়াই।
দুঃখ কষ্ট বিরহ সব ভুলে গিয়ে; আনন্দে জীবন কাটাই।
অতীতের কোনকিছু যায়নি হারিয়ে, তারা স্মৃতি-ঘরে লুকিয়ে আছে।
আসে যখন, তারা আসে দলে দলে; সহজে আমায় ছেড়ে যাবে না চলে।
তোমরা যা বলো তাই বলো, সবিই আমার ভালো;

কখনো ভাবি না মনে, সুখের স্মৃতিগোলো আমায় ছেড়ে যাবে ভেসে।
কোথায় যাবে ভেসে, তাদের দেব না যেতে, স্মৃতিঘরে রাখবো ধরে কসে।
আমার জীবন চলার পথে তাদের ছায়া সদাই পড়বে আমার স্মৃতিপটে।
আঘাতে সংঘাতে চিনিব তখন মনের মানুষটাকে আরও ভালকরে বটে।
তোমরা যা বলো তাই বলো- সবই আমার ভালো; তাই রাখছি তাদের এঁটে।

১১; মায়ের দান

মা তোমার মত এত আপন কেউ ছিল না আমার কাছে।
ছেড়ে চলে গেছো তুমি, তবু মনে হয় সদাই রয়েছ আমার সাথে।
সুখে দুঃখে থাকি ভালো তোমার আশিস আমার মাথায় আছে বলে।
তোমার জ্ঞানের কথাগুলি দেখায় পথ আমায় জীবনে বিপদ এলে।

মা, তোমার মত এত আপন কেউ নাই গো আমার জীবনে।
তোমার বলা একটিও কথা এখণো ভুলি নি- বাড়ির সবাই জানে।
তোমার কথা ভুলে গেলে, থাকবে তুমি কেমন করে আমার জীবনে?
মা, যেতে যেতে তোমার জ্ঞানের কথাগুলি ফেলে গেছো আমার জন্যে ।

মাগো তোমার কথা পড়ে মনে সকাল সন্ধ্যায় আমি পূজার ঘরে গেলে।
ছোটবেলায় তুমি বলতে পুজা না করে আমি যেন স্কুলে না যাই চলে।
মাগো তোমার কথা পড়ে মনে আমি যখন উঠি ঘুম থেকে ভোরে।
স্কুলে পড়তাম যখন আমার পড়ার জন্যে ঘুম ভাঙ্গাতে ভোরে।

মাগো তোমার কথা বেশি পড়ে মনে আমার শরীর খারাপ হলে।
না ঘুমিয়ে আমার গায়ে হাত বুলিয়ে দিতে, আমার শরীর খারাপ হলে।
মাগো তোমার কথা বেশি পড়ে মনে শরতকালে দুর্গা পূজা এলে।
পূজোর সময় বাবার সঙ্গে ঝগড়া করতে আমার নূতন জামা কিনে দিতে।
চলে গেছো তোমার কায়া নিয়ে, রেখে গেছো তোমার ছায়া আমার জীবনে
আমি আঘাত পেলে তুমি ছায়া হয়ে আমায় আদর কর ভাবি আমি মনে।
আমার কষ্ট নিমেষে যায়; আমার হৃদয় জুড়ায় তোমার ছায়াস্পর্শ পেয়ে।
মা গো তুমি সদা থাকো ছায়ারূপে; যেও না চলে আমায় অনাথ করে।

মা তোমার মত এত আপন এখন কেউ নেই যে আমার।
তোমার স্নেহ-আদরের কথা মনে করে আমার আনন্দে প্রান ভরে।
আমার মনে মন্দ যত আছে, দাওনা না মুছায়ে তোমার আশিস দিয়ে।

১২; মেয়েদের জীবন যুদ্ধ

সমাজে হাজার হাজার অসহায় মেয়েদের জীবনযুদ্ধ দেখি
তাদের দুঃখ দুর্দশা দেখে আমরা অনেকে চুপ করে থাকি।
মেয়েদের দুঃখ দেখে কবিতায় দুটি মেয়ের জীবন যুদ্ধের কথা হল লেখা।
সমাজে মেয়েদের দুঃখ বেড়েই চলেছে; তাই তাদের নিয়ে কবিতা লেখা।
শান্ত সরল নারী প্রায় সকল নররের জীবনে সৌরভ আনে।
শরতের ফুল শিউলি ও শাপলা হয়ে নারী নররের জীবনে সুরভী আনে।
তবুও কেন হাজার হাজার নারী সমাজে মরে শোষণ আর নির্যাতনে।
কেন নির্মম পুরুষেরা সব কিছু কেড়ে নিয়ে তাদের মেরে ফেলে প্রানে।

নারী নির্যাতন সমাজে বাড়ছে অবাধে- যা মনে দেয় ভীষণ ব্যাথা।
লিখছি এখন আমার বন্ধুর দুটি মেয়ের জীবন যুদ্ধের কথা।
মেয়ে দুটির ছেলেবেলার স্মৃতিগুলি এখনো বন্ধুর হৃদয়ে;
আনন্দের গান গায় দোয়েল কোয়েল কোকিল হয়ে।
অবোধ দুটি মেয়ে থাকত আগে বন্ধুর স্বপ্ন ছোঁয়ার সাথী হয়ে।
এখন মেয়েদের জীবন যুদ্ধ দেখে বন্ধু আমার গেছে বিধ্বস্থ হয়ে।

বন্ধু বলে- মা বুঝি লুকিয়ে আছে মেয়ে দুটির মাঝে।
তারা হয়েছে মায়ের মত আজ তার কাছে।
মেয়ে দুটি যেন বন্ধুর দু চোখের তারা;
তাদের দুঃখ বিষাদে বন্ধু একেবারে দিশেহারা।
বিয়ের পরে মেয়ে দুটি শ্বশুর বাড়িতে আছে।
প্রাণ কাঁদে তার সে যেতে পারে না ঘন ঘন মেয়েদের কাছে।

তার পিয়াসি মন সদা মেয়েদের পথ চেয়ে বসে থাকে।
আবার কবে আসবে মেয়েরা বন্ধুর মন জুড়াবে তাদের দেখে।

বন্ধুর জীবনে গতি ছিল, আনন্দ ছিল যখন কাছে ছিল মেয়েরা;
মেয়েদের দুঃখ কষ্ট, দুর্দশা দেখে বন্ধুর জীবন হয়েছে গতিহারা।
একেলা বসে বন্ধু ভাবে সারাদিন –মেয়েদের বিপদ বাড়েনি নিশ্চয়ই ।
ভালমন্দ জানবে বলে সে বারেবারে টেলিফোন করে, মন মানে না তাই।

সংসার, সন্তান ও অফিসের কাজ নিয়ে নাজেহাল মেয়েরা;
অসুখ-বিসুখ সন্তানের পড়াশুনা নিয়ে তারা দিশেহারা।
অশ্রুভরা আঁখি তাদের, দুঃখে ভরা মন।
জীবন নদী শুকিয়ে গেছে, হয়েছে তাদের হতাশার জীবন।
শেষ হয়ে গেছে তাদের আনন্দ ও উচ্ছ্বাসেভরা কৈশোর জীবন;
তাদের অশ্রুভরা আঁখিগুলি দেখে সদাই কাঁদে বন্ধুর আকুল মন।

তাদের হাঁসি দেখবে না কান্না দেখবে- বন্ধু ভেবে না পায়;
তাদের দুঃখ দেখে বন্ধু বিভ্রান্ত ভীষণ; জানে তার প্রতিকার কোথায়?
বৃদ্ধ হয়ে গেছে, রোগ-ভোগে ভীষণ দুর্বল, সে ভীষণ অসহায়।
দুশ্চিন্তায় দিন কাটে, কিভাবে মেয়েরা কাটায় দুঃখের জীবন।
বিয়ের আগে বোঝেনি তার মেয়েরা সংসার কাকে বলে।
কেটেছিল তাদের কৈশোর জীবন- আনন্দ উল্লাস ও হিল্লোলে।

অবোধ মেয়েরা বোঝে না কিছুতেই তাদের দুঃখী মুখগুলি দেখে;
তাদের দুঃখ কষ্ট, ও অপমানের কথা তাদের পিতা সহজেই বুঝতে পারে।
সত্যের পথে সম্মানের সাথে স্বাধীনভাবে মেয়েদের বাঁচাতে হবে।
নইলে মেয়েদের সন্তানেরা মানুষের মত মানুষ কি ভাবে হবে।
তাদেরকে তিনটি আদর্শ মানতে হবে -ত্যাগ, আত্মবিশ্বাস ও কৃচ্ছ্রসাধন।
এছাড়া তাদের হবে না সার্বিক উন্নয়ন ও জীবনের লক্ষ পূরন।
আমার বন্ধু এসব কথাই বলে তার মেয়েদেরকে সর্বক্ষণ।

কৈশোর জীবনে দেখেনি মেয়েরা-স্বার্থপরতা, বিদ্বেষ, প্রলোভন।
তাই তাদের জীবন ছিল সহজ সরল অতি সাধারন।
স্বার্থদ্বন্দ্ব ভোগ লালসা, অহংকার, কপটতা আর কোলাহল
এনেছে বন্ধুর বড় মেয়ের জীবনে শুধু হতাশা ও নির্যাতনের দাবানল।
সমাজে বেড়েছে লোভ, লালসা, নারী-নির্যাতন, আর শোষণ।
ঐ মেয়ের মত সমাজে বহু সরল শিক্ষিত মেয়ে নির্যাতনে মরছে এখন।

দুজনের মধ্যে বড় মেয়েটির জীবন দুর্বিষহ ভীষণ।
স্বামীর জন্য নিজের জীবন ধ্বংস করেও পায়নি সে স্বামীর মন।
স্বামীকে সাজাতে মেয়েটি উজাড় করে দিয়েছে জীবনের অবলম্বন।
স্বামীর জন্য ধ্বংস করেছে সে শিক্ষা, দীক্ষা, প্রফেশন, আর সম্মান।
এখন তাকে ঘুরে দাঁড়াতে হবে শক্তি, সাহস, ত্যাগ ও সত্যের আদর্শ নিয়ে।
সন্তান দুটির ভবিষ্যতের জন্য মেয়েটিকে লড়তে হবে সর্ব শক্তি দিয়ে।

স্বামীর অত্যাচার ও নির্যাতনে মেয়েটি একেবারে শেষ হয়ে গেছে।
অত্যাচারী স্বামী ছলাকলা করে শ্বশুরের অনেক টাকা নিয়েছে।
স্বামীর ভালোর জন্য অবোধ মেয়ে সন্তানের ভবিষ্যৎ উপেক্ষা করেছে।
স্বামীর ছলাকলায় ভুলে মেয়েটি বলেনি নিপীড়নের কথা কারো কাছে
মনের আবেগে অবিদ্যার হাটে ছুটেছিল সে জ্ঞান-বিদ্যার পসরা নিয়ে
সেখানে দেখল না কেউ তার জ্ঞানের পসরা; সে বসে আছে হতাশ হয়ে।

স্বামীর অর্থবল, লোকবলের কাছে মেয়েটি আজ অসহায় ভীষণ।
বছরের পর বছর ধরে সে সহ্য করেছে স্বামীর শোষণ, উৎপীড়ন।
সন্তানের মুখ চেয়ে আর অসম্মানের ভয়ে সে বলেনি কাউকে কখন।
পাছে যদি স্বামী আরও বেশী বিধ্বংসী হয়, সন্তানের জীবন ধ্বংস হয়।
মুখ বুঝে সহ্য করে গেছে, বলেনি তার মা বাবাকে, যদি তারা কষ্ট পায়।
কিছু মানুষের কাছে মেয়েটি স্বামীর উৎপীড়নের কথা বলেছিল।
সব শুনে অনেকে চুপ করে থাকে অথবা আইনের সাহায্য নিতে বলে।
মেয়েটি বলে; সন্তানের জীবন শেষ হয়ে যাবে আইনের পথে গেল।

আর নয় সন্তানের ভবিষ্যত ভেবে মেয়েটিকে নামতে হবে জীবন যুদ্ধে
সত্য ও ত্যাগের আদর্শ নিয়ে লড়তে হবে অবিচার ও নির্যাতনের বিরুদ্ধে।
বৃদ্ধ হলেও বন্ধু সর্বশক্তি দিয়ে ঐ যুদ্ধে সাথ দেবে মেয়েকে সুখী দেখতে।
মেয়েটিকে আইনের সাহায্য নিতে হবে এখন সন্তান দুটিকে বাঁচাতে।
আইনের বিষয়ে আমার বন্ধুর যথেষ্ট জ্ঞান, বুদ্ধি অভিজ্ঞতা রয়েছে।
মেয়েটিকে লড়তে হবে আইনের পথে, এ ছাড়া উপায় কি আছে?
মেয়েরটির উপর নজরদারী, শোষণ উৎপীড়ন এখন অনেক বেশি হয়।
অত্যাচারী স্বামী পরকীয়া করে, বন্ধুদের নিয়ে বহু মেয়ের কাছে যায়।
স্বামী টাকা পয়সা হয়েছে, পুলিশকে কিনে নিয়েছে কাউকে করে না ভয়।
ছেলেদের সামনে বাড়িতে বসায় মদের আসর, আর উৎপীড়ন চালায়।
নিরীহ মেয়েকে এইভাবে অকথ্য উৎপীড়ন মুখ বুঝে সহ্য করতে হয়।
পাছে যদি সন্তানের বেশি ক্ষতি হয়, সে যদি সবকিছু হারায়।

ছ বছর আগে আমার বন্ধু জেনেছিল প্রথম মেয়ের উপর হয় নির্যাতন।
সেই শুনে বন্ধু আইনের ব্যবস্থা নিতে হল বদ্ধপরিকর তখন।
কিন্তু আইনি ব্যবস্থা নিতে পারেনি; মেয়েটি অসুখে ভুগেছিল সেই সময়।
এরপরে ঐ অত্যাচারী মেয়েটির উপর উৎপীড়ন বাড়িয়ে যায়।
তিন বছর আগে জামাইকে আইনি ব্যবস্থার কথা লিখে জানিয়ে দেয়।
লোভী জামাই তখন হাতে পায় ধরে ক্ষমা চায়;
সে স্ত্রী ও সন্তানকে প্রতিশ্রুতি দেয়; জীবনে সে করবে না কোন নির্যাতন।
যেমন আঙুল কাটা পোকা হাজার ক্ষমাতে কখনো বন্ধ করে না।
তেমনি হাজার প্রতিশ্রুতির পরও ঐ অত্যাচারীর উৎপীড়ন বন্ধ হল না।
সন্তানের ভবিষ্যৎ এবং নিজের শরীরের কথা ভেবে মেয়েটি ডিভোর্স চায়।
আইনের রাস্তা দীর্ঘ ভীষণ; মিউচুয়েলি ডিভোর্স মেয়েটি পক্ষে শ্রেয়।
তাতে মেয়েটি ও তার দুটি সন্তান সুস্থ হয়ে বাঁচবে।
বন্ধু সাধ্যমত সাহায্য নিশ্চয়ই করবে; না হলে মেয়েটি কি করে বাচবে?

মেয়ে ও তার সন্তানের দুঃখ দেখে বন্ধু আমার হতাশায় শেষ হয়ে যাচ্ছে।

সন্তান দুটির দুঃখ, কষ্ট কথা ভেবে বন্ধুর অনিদ্রায় রাত কাটে।
অত্যাচারী জামাই বন্ধুর টার্মিনাল ডিউজের টাকা নিয়ে নিয়েছে।
ছলা কলায় জামাই চাইছে বেশি, সে লাজ লজ্জা ভয় হারিয়েছে।
মেয়েটি মিউচুয়েলি ডিভোর্সের জন্য মরিয়া এখন।
না হলে তার সন্তান দুটির জীবন ধ্বংস হয়ে যাবে মেয়েটির মতন।
সন্তানদুটিকে বাঁচাতে হবে; না হলে সে তাদের কাছে অপরাধী হবে।

বন্ধু ঈশ্বর বিশ্বাসী, তাই সে মেয়েটিকে ঈশ্বরে বিশ্বাস রাখতে বলে।
ঈশ্বরের দৃঢ় বিশ্বাস রেখে জীবনযুদ্ধে মেয়েটিকে এগিয়ে যেতে বলে।
তার জীবনযুদ্ধে ঈশ্বর শক্তি জোগাবে নিশ্চয় সন্তান দুটিকে বাঁচাতে।
বন্ধু তাকে কর্মযোগ, জ্ঞানযোগ অনুসরণ করতে বলে লক্ষ্যে পৌঁছাতে।
বন্ধু মেয়েদুটিকে শেখাত স্বামীজীর কর্মযোগ ও জ্ঞানযোগ কথা।
এজীবনযুদ্ধ জয় করতে তাকে অনুসরণ করতে হবে সেই অমুল্য কথা।

এই মেয়েটির স্বামী নির্যাতন আজকের শিক্ষিত বিচিত্র ঘটনা নয়।
প্রতি তিনটি মেয়ের মধ্যে একটির উপর নিশ্চিত স্বামী উৎপীড়ন হয়।
প্রতিবাদ কোথায় হয়? সন্তানকে বাঁচাতে তারা মুখ বুঝে সহ্য করে যায়।
মাত্র চৌদ শতাংশ নির্যাতিতা নারী পুলিশ বা কোর্টে যায়।
নির্যাতিতা নারী পুলিশ বা কোর্টে গেলে বিচার কোথায় পায়?
অসাধু পুলিশ ঘুষ খেয়ে অত্যাচারীর স্বামীর সহায় হয়।

আমার দেখা দশটি শিক্ষিত মেয়ে হয়েছে স্বামী উৎপীড়নের সম্মুখীন।
অসহায় তারা মুখ বুঝে সহ্য করছে নির্যাতন;কাউকে বলেনি কোনদিন।
অসহায় মেয়েদের দুঃখ দুর্দশার কথা চিন্তা করে আমি কবিতাটি লিখি।
কারন, আমি সমাজের সব মেয়েকে নিজের মেয়ের মত দেখি।
কোন অসহায় মেয়ের বাবা যদি আমায় বলে এ বিষয়ে সাহায্য করতে;
আমি দু-পায়ে খাঁড়া সর্বশক্তি দিয়ে তাকে সাহায্য করতে।
অন্যায়ের সঙ্গে আর আপোষ নয়; নারী নির্যাতন বেড়েই চলেছে।

১৩; মায়ার বন্ধন

খুবই ভালো, কিছুদিনের জন্য আমায় ছেড়ে তুমি তীর্থ দর্শনে যাবে।
তীর্থে গিয়ে পুন্য অর্জন কর সবার সাথে; ঈশ্বর তোমার সঙ্গে থাকবে।
আমার শরীর খারাপ, তাই তোমার সাথে গেলাম না বলে কেন কষ্ট পাবে?
তুমি অর্ধাঙ্গিনী, তীর্থ দর্শনে তোমার পুন্য হলে, আমার কিছুটা হবে।
সত্যি কথা বলি শোন, তুমি যখন করবে ঈশ্বর দর্শন তীর্থ দর্শনে;
আমিও থাকবো তখন ঈশ্বরের সাথে তাঁরই সুন্দর ভবনে।
আমি গেলাম না বলে কেন তুমি রয়েছে করুণ নয়নে?
কেন তুমি বৃথা চিন্তা কর আমার জন্যে?

একমনে ঈশ্বর দর্শন করবে, ভেবো না আমায় কথা তুমি তীর্থে গিয়ে।
আমি থাকব মহাসুখে ঈশ্বরের সাথে আরও বেশী অন্তরঙ্গ হয়ে।
থাকব আমি তাঁর দয়ায়; থাকব সদা তাঁরই চরণ তলে।
আমার খারপ কিছুই হবে না তুমি তীর্থে গেলে চলে।
ঈশ্বরকে পেতে হলে ছিঁড়তে হবে অনিত্য প্রেমের বন্ধন।
মনে রেখো প্রেমের বন্ধন প্রকৃত প্রেম নয়, এ যে কেবল মায়ার বন্ধন।
যতই শরীর খারাপ হোক না কেন তবু কেন এত ভাব তুমি আমায় নিয়ে।

প্রেম ভালবাসা, রাগ, অভিমান ঝগড়া বিবাদ- সবই মায়া জানি।
মায়ার বন্ধন শেষ হবে আজ নয়ত কাল তাও আমারা মানি।
তবে শুধু কেন কষ্ট পাও কারনে অকারনে।
এর থেকে ভাল তাঁর চরণে নিজেকে সমর্পণ করে তুমি শান্তি পাও মনে
আমি শুনছি দিবানিশি তাঁরই ডাক তাঁরই অভয় বাণী।
তাইত শান্ত হয়েছে এখন আমার আকুল হৃদয়খানি।
শরীর আমার খুবই খারপ তাই বলে আমার চিন্তা করো না তীর্থে গিয়ে।

প্রেম নয় মায়ার জালে আটকে আছি তুমি আমি সমগ্র প্রকৃতি।
মায়া হল ঈশ্বরের বিশাল শক্তি আর বিভুতি;
মায়াতে মুগ্ধ আমরা অজ্ঞাত জগতজন;
পারি না ছিন্ন করতে এই মায়ার বন্ধন।
কত ভালবাসা, কত হাসি, কত কান্না, কত হ্রদয়বেদন।
সবই ভেসে যায় মেঘের মতন; তাই ছিঁড়তে হবে এই মায়ার বন্ধন।
তবেই হবে ঈশ্বরের সাথে আমাদের পরম মিলন।

যদি পারি মায়ামুক্ত হতে; তবেই পারব আমরা সত্যের সন্ধানে যেতে।
তবেই আমরা মিলব অচিরে ব্রহ্মের সাথে।
শ্রীরামকৃষ্ণ, স্বামী বিবেকানন্দ, আদি শঙ্করের ন্যায় ব্রহ্মজ্ঞানীরা বলেন;
জগৎ মিথ্যা, কেবল ব্রহ্ম সত্য। এ কথা বলা সহজ, বোঝা ভীষণ কঠিন।
যাও তুমি তীর্থ দর্শনে -সত্যের সন্ধানে; ছিঁড়ে ফেল মায়ার বন্ধন।
আমকেও যেতে হবে মুক্তির সন্ধানে ছিন্ন করে মায়ার বন্ধন।
সবাইকে যেতে হবে পরপারে জগতের নিয়মে ছিন্ন হবে মায়ার বন্ধন ।

১৪; বন্ধুত্বের সুবর্ণজয়ন্তী

পরিমল, সন্দীপ, দেবাশিস, প্রদীপ্তদা ও আমি- বিশেষ বন্ধু পাঁচজন;
আমরা বন্ধু ছিলাম, বন্ধু আছি, থাকব বন্ধু সারাটি জীবন; দেখবে সর্বজন।
এই বন্ধুত্ব সত্যি বিরল, আমার বিশ্বাস, আমৃত্যু এই বন্ধুত্ব থাকবে অমর।
আমাদের বন্ধুত্ব যেন ভগবানের এক বিশেষ উপহার।
আমাদের বন্ধুত্ব জীবন আঁধারে জ্যোৎস্নার সুশীতল মিষ্টি আলোক ধারা।
আমাদের বন্ধুত্ব মানে দুঃখ হতাশা ভুলে শান্তিকে আঁকড়ে ধরা।
১৯৭৪সালে গোয়েঙ্কা কলেজে পরিমল ওসন্দীপের সঙ্গে আমার পরিচয়।
কিছুপরে দেবাশিস (ভট্টাচার্য) এর সাথে বরানগরে হয় আমার পরিচয়।
পরিমল ও আমি ছিলাম অজ গ্রামের হাঁদা দুটি ছেলে;
শহরের চালাক চতুর ক্লাসমেট আমাদের পিছনে লাগত সুযোগ পেলে।
তাই পরিমলের সঙ্গে আমার প্রথম বন্ধুত্ব হল।
পরিমল স্মার্ট ছিল, অচিরেই সে শহরের ছেলেদের ঘনিষ্ঠ হয়ে গেল।

আমি প্রতিদিন পায়জামা সার্ট পরে গ্রাম থেকে কলেজে আসতাম।
তাই আমি ক্লাসে নিরীহ ছেলের মত প্রায় চুপচাপ থাকতাম।
সন্দীপ একরকম প্রবাসী বাঙ্গালী, তাই সে উদার ও পরোপকারী ছিল।
তাই ওর সঙ্গে কথা বলতে সাহস পেলাম; সন্দীপ আমার দ্বিতীয় বন্ধু হল।
সন্দীপ ও ওর দুই বন্ধু মাধ্যমে আমার একটা টিউশন ঠিক হল
এখনো ভুলিনি ঐ সময় কিভাবে সন্দীপ আমার উপকার করেছিল।

২০২৪সালে আমরা বন্ধুত্বের সুবর্ণজয়ন্তী পালন করব-এটা ভাবা যায় না।
আমাদের বন্ধুত সত্যি বিরল; পঞ্চাশ বছরের বন্ধুত্ব প্রায় দেখা যায় না;
বন্ধুত্বের সুবর্ণজয়ন্তী **মানে একসাথে বসে অতীতের স্মৃতি রোমন্থন,**
বন্ধুত্বের সুবর্ণজয়ন্তী হবে সুখের সাগরে আমাদের অবগাহন।
এটা নয় যে, আমাদের মধ্যে তর্ক, ঝগড়া, মতবিরোধ হয়নি কোনদিন।
মতবিরোধের প্রবাল উত্তাপ ঠাণ্ডা হয়ে গেছে বন্ধুতের শিলা বৃষ্টিতে।

আমাদের মধ্যে তর্ক, ঝগড়া, মতবিরোধ পারেনি বন্ধুত্বকে ধ্বংস করতে।

প্রকৃত বন্ধু জীবন থেকে হারিয়ে যায়, কিন্তু হৃদয় থেকে কোন দিনও নয়।
জগতের নিয়মে মনের মানুষ জীবন থেকে চলেযায়, হৃদয় থেকে নয়।
পাঁচবন্ধু জীবন সায়াহ্নে পৌঁছেছি, জানি না কে কবে বিদায় নেব।
তবে বিদায়ের আগে আমরা বন্ধুত্বের সুবর্ণজয়ন্তী উদযাপন করে যাব।
বন্ধুত্বের সুবর্ণজয়ন্তী মাথায় রেখে বন্ধুদের কিছু কথা লিখছি ছোট করে।

পরিমলের সঙ্গে হয়েছে যত প্রানের কথা, তর্ক বিতর্ক হয়েছে তত।
মনে রেখেছি ওর ভালোকথা; ভুলে গেছি পরিমল দিয়েছিল ব্যাথা কত।
১৯৭৬সালে বি কম পার্ট ওয়ান পরীক্ষা আমাদের।
কলকাতায় থেকে পরীক্ষা দেওয়ার জায়গা ছিল না আমার।
ঠিক করলাম যেভাবে ডেলিজার্নি করে কলেজ করেছি আমি।
সে ভাবেই ডেলিজার্নি করে কলকাতায় বি কম পরীক্ষা দেব আমি।
আমার বিপদ বুঝে সে বন্ধুতের হাত বাড়িয়েছিল সেদিন।
পরিমলদের বাসা থেকে পরীক্ষা দিলাম; সে সাহায্য ভুলব কোনদিন।
তাই পরিমল আমায় যতই ব্যাথা থাকুক, বন্ধুত্ব আমি রেখেছি অটুট।
পরিমল ও আমার মধ্যে সুখ দুঃখের অনেক ঘটনা আছে;
সে কথা লিখলে বন্ধুত্ব যাবে টুটে; কি হবে লিখে বন্ধুর সব মনে আছে।

এবার বলি সন্দীপের কথা- সে করেছে আমার বিরাট উপকার।
১৯৭৭সাল ডেলি জার্নি করে কলেজ করতে কষ্ট হচ্ছিল আমার।
উপায় ছিল না আমার কলকাতায় থেকে কলেজ করার।
পড়াশুনা হচ্ছিল না একদম; চিন্তায় শরীর খারাপ হতে লাগল আমার;
দু মাস পরে বিকম পার্টটু পরীক্ষা; হতাশায় দেখছি সবকিছু অন্ধকার।
ঐ অন্ধকারে, সন্দীপ সাহায্যের হাত বাড়িয়ে দিল আমায়।
সে বলে-বাড়িতে দুজনে পড়ব একসাথে যাতে দুজনের রেজাল্ট হয়।
তার সাহায্য পেয়ে, বিকম পার্টটু পরীক্ষায় আমার রেজাল্ট খুব ভাল হয়।
আমাকে সাহায্য করা তার উদ্দেশ্য,একসাথে পড়া বাহানা ছাড়া কিছু নয়।
সন্দীপের এতবড় উপকারের কথা আমি ভুলব কেমন করে।
তার অশেষ অবদানের কথা লিখলাম চাত চল্লিস বছর পরে।

এবার আসি **দেবাশিসের** কথায়;

দেবাশিসের সঙ্গে বন্ধুত্ব হয় আমরা যখন একসঙ্গে সিএ পড়তাম।
বরানগরে একটা ভাড়া ঘরে একটি বন্ধুর সাথে থাকতাম আমি কষ্ট করে।
রুমমেট আমায় ছেড়ে চলে যায়; আমি একেলা রুমরেন্ট দেব কি করে?
রুমরেন্ট বাকী পড়ে; আমাকে বুঝি গ্রামে যেতে হবে সিএ পড়া বন্ধ করে।
ঐ সময় ঈশ্বর বুঝি দেবাশিসকে পাঠিয়ে ছিলেন রুমরেন্ট শেয়ার করতে।
ঐ সঙ্কটে যদি দেবাশিসকে না পেতাম, কষ্ট হত আমার সিএ পড়তে।

একেবারে স্বাধীনভাবে আমরা দুজন থাকতাম সেথায় প্রায় রাজার মত।
কেরোসিন স্টোভে রান্না করে খেতাম প্রায় আলু আর ডিম সিদ্ধ ভাত।
কি করে বোঝাই কি ভাবে রান্না হত, কখন বা খাওয়া হত;
রাত্রি এগারটায় রান্না শুরু, রাত্রি বারোটায় আলু ডিম সিদ্ধ ভাত।
আমরা ছিল যত আনন্দ, দেবাশিসের দুঃখ তত; খতে পারে না সিদ্ধ ভাত।
যদি সেই দিনগুলিতে ফিরে যেতাম; সিদ্ধ ভাত খেয়েও পেতাম আনন্দ।
কিভাবে কেটেছে বরানগরে আমাদের দিনগুলি;দেবাশিস লিখেছে সুন্দর।

২০১৯ সাল দরকার আমার ইউরোপ ভ্রমণ একটা বই প্রকাশ করতে।
একজন অভিজ্ঞ ভ্রমণ সঙ্গী দরকার ছিল আমার ইউরোপ ভ্রমণতে।
ঐ সময় দেবাশিস এগিয়ে আসে; বিদেশ ভ্রমণে ওর অনেক অভিজ্ঞতা।
ওর গাইডে আমার ইউরোপ ভ্রমণ হল; আমার বইটি পরে প্রকাশ পেল।
২০২১ সাল রিবার্থ উপর দর্শনের বই আমার লেখা শুরু হল।
পুনর্জন্ম বিষয়কে বিজ্ঞানের দৃষ্টিতে লেখার জন্য দেবাশিস পরামর্শ দিল।
এরফলে বইটি বিশেষভাবে পাঠযোগ্য হল; বইটিতে ওর অবদান ছিল।

এবার আসি প্রদীপ্তদার কথায়; তাঁর সঙ্গে বন্ধুত্ব কিছু পরে হয়েছিল
কিন্তু এখন মনে তাঁর সাথে আমার পরিচয় অনেক আগে থেকে ছিল।
প্রদীপ্ত দা (রায়) আমার থেকে বয়সে কিছুটা বড় হলেও।
তাঁর মধ্যে অহংকার ও গাম্ভীর্য ছিল না মোটেও ।
প্রদীপ্তদা একটি বড় ইনসিওরেন্স কোম্পানির executive পোষ্টে ছিলেন।
এ ছাড়া CA Institute ও Insurance Institute পড়াতেন।
CA Institute ও Insurance Institute আমিও ক্লাস নিতাম।

সেখানেই তাঁর সাথে আমি পরিচিত হলাম।
আমার লেখা বইগুলি তিনি পড়তেন মন দিয়ে।
ওনার সাথে আমার academic আলোচনা প্রায়ই হয় বিভিন্ন বিষয়ে।
Industry, economy ও spirituality উপর প্রায় দীর্ঘ আলোচনা হয়।
তিনি একজন শিক্ষাবিদ এবং আমার লেখা বই তিনি পচ্ছন্দ করেন।

জীবনে এমন কিছু সময় এসেছে, নিজেকে ভীষণ অসহায় মনে হয়েছে।
ঐ সঙ্কট সময় আমার সুহৃদ বন্ধুগণ নিঃস্বার্থ ভাবে পাশে দাঁড়িয়েছে।
ওগো আমার সুহৃদ বন্ধুগণ, তোমাদের সকলভাল কথা রেখেছি মনে।
কিছু কথা লিখলাম এখানে; বাকী সব রাখলাম স্মৃতিতে অতি যতনে।
আমাদের কিছু কথা কিছুটা বেদনাময়;
লিখিনি সেকথা বন্ধুত্ব বজায় রাখতে আর কাউকে ব্যাথা না দিতে মনে।

আমরা পেয়েছি সুদীর্ঘ বন্ধুত্ব ঈশ্বরের কৃপায় ভাই।
এটাই ভাল হয়, আমরা যদি বন্ধুতের কালো দিকটা ভুলে যাই।
তবেই স্বার্থক হবে আমাদের বন্ধুত্বের সুবর্ণজয়ন্তী উদযাপন।
এতদিন আমাদের বন্ধুত্ব অটুট রয়েছে এটা সত্যি সুন্দর শোভন।
২০২৪এ বন্ধুত্বের সুবর্ণজয়ন্তী করব পালন;
সত্যি সৌভাগ্যবান আমরা বন্ধু পাঁচজন।

বন্ধুত্বের সুবর্ণজয়ন্তীর উদ্দেশ্যে বন্ধুরা করেছ সুন্দর প্রতিবেদন।
এটা হল আমাদের বন্ধুত্বের স্মৃতি রোমন্থন।
এই স্মৃতি রোমন্থন আমাদের জীবনে বড় সম্পদ হয়ে থাকবে।
আমাদের ভবিষ্যৎ প্রজন্ম হয়ত এই বন্ধুতেরকথা জেনে আনন্দ পাবে।

বন্ধুত্বের সুবর্ণজয়ন্তী; বরানগরের দিনগুলো; দেবাশিস ভট্টাচার্য

ছোট্ট ঘরে দুই বন্ধুর
জগত ছিল স্বপ্নময়,
জেদ টা ছিল C A হয়ে
করতে হবে বিশ্ব জয়।
বন্ধু ছিল বইএর পোকা
যখন তখন পড়তে বসা,
খাবার ছিল যেমন তেমন
একটু মুড়ি সঙ্গে শসা।
আমি আবার ঠিক উল্টো
খাবার টা চাই পেটপুরে,
সময়মত খেলেই তবে
মেজাজটা হত ফুরফুরে।

বেশি পড়া ধাতে নেই
পরীক্ষা তাই খারাপ হত,
অধ্যাবসায় ছিল না আমার
বন্ধুবর রতনের মতো।
রতন তাই এগিয়ে গেল
CA হল আমার আগে,
জেদ টা এবার বেড়ে গেল
মনে আবার আশা জাগে।

তেড়েফুঁড়ে পড়াটা তাই
চালিয়ে গেলাম কোমর কষে,
বন্ধু আমার অনুপ্রেরনা

C A হলাম অবশেষে।
ভুলিনি সেই দিনগুলো
ছোট্ট ঘরে বই বিছানো বিছানাটা,
গামছা দিয়ে চা ছাঁকা আর পূজা পাঠ
আর হাতে ধরা ধুপকাঠি টা।

বন্ধুত্বের সুবর্ণজয়ন্তী;
পরিমল সরকার

"Ratan has written on friendship. half a century friendship is a milestone. celebrating it by writing poem is a wonderful effort.To my mind this job can only be done by Mr Guria .May his efforts grow in quality and quantity. This is my prayer to God." CA. Parimal Sarkar

বন্ধু পরিমল তার "ফেলে আসা দিন গুলি" বইটিতে আমার সম্বন্ধে যে ভাল ভাল কথাগুলি লিখেছে তা কবিতার আকারে সাজিয়ে দিলাম;

"আমার বন্ধু রতন গুড়িয়া ইংরেজি কায়দায়;
বলতে ভালবাসেন R C Guria l
রতন আমার কলেজের প্রিয় বন্ধু;
অনেক উত্থান পতনের মধ্যেও বন্ধুত্ব রয়েছে অটুট।
রতন পেশায় চ্যাটার্ড এ্যাকাউন্ট্যান্ট।
সাধারণ বীমা বিষয়ে বিশেষজ্ঞ; লিখতে, বলতে ভীষণ এফিসিয়েন্ট।
কথায় বলে লেখার পোকা যাকে একবার কামড়ায়;
সে না লিখে যায় কোথায়, এটাই হয়েছে রতনের বেলায়।
লেখার পোকা রতনকে অনেক দিন আগেই করেছে দংশন।
তাই দশখানা বই বের করেছে রতন।
রতন নিজের থেকে একটা লেখার পোকা নিয়ে;
জলবিছুটির মতো আমার গায়ে দিয়েছে লাগিয়ে।
সেই পোকার দংশনে আমি কিছুদিন ধরে ভীষণ জ্বলছি।
আর ছাইপাঁশ লিখেই চলেছি।
রতন প্রায় প্রতি বছর শুনিয়ে গেছে;
সে নূতন আর একটা বই লিখেছে।
যেমন Insurance Fraud এর উপর সে এ বছর লিখেছে।
পরের বছর Rebirth এর উপর সে বই লিখেছে।

তার পরের বছর নেতাজী সুভাসচন্দ্রের উপর সে লিখেছে।
এইভাবে সে প্রতি বছর একটা বা তার বেশি বই লিখে যাচ্ছে।
এসব শুনতে আমার মণে হত; লিখে যারা, মহান তারা।
লেখে না যারা, নিতান্তই তুচ্ছ তারা।
আমি ঘোচাব কি করে এই অপবাদ;
তাই "ফেলে আসা দিন গুলি" বইটিতে দিয়েছি হাত।"
বন্ধু পরিমল তার বইটিতে আরও অনেক লিখেছে আমার বিষয়ে;
সে লিখতে গেলে অনেকে যাবে অবাক হয়ে;
তার লেখা থেকে লিখলাম কিছু কথা অনেকটা বাদ দিয়ে।
রতনের বাড়ি একটি গ্রামে মেদিনীপুর জেলায়।
বাড়ি থেকে কলেজে ক্লাস করতে আসত প্রতিদিন
কলকাতায় থাকার জায়গা না পেয়ে।
রতনকে দেখে প্রথমেই বুঝে ছিলাম;
মেদিনীপুর জেলার ছাত্রছাত্রীরা কি পরিমাণ প্রতিভাবান।
কি পরিমাণ কষ্ট স্বীকারে সমর্থ ও ক্ষমতাবান।
রতনের বাড়ির আর্থিক অবস্থা ভালো ছিল না মোটেই।
প্রফেসরের ভাইঝিকে পড়িয়ে রতন উপার্জন করতে হত তাই।
রতন ভীষণ সরল ছিল, তার সরলতা সকলকে করত।
বিকম প্রথম বর্ষের রতন ছাত্রী প্রতি অনুরক্ত ছিল।
আমার এই লেখায় রতনের স্ত্রী দীপ্তি আঘাত পাবে না মনে হল।

উপরের কথাগুলি আমার বন্ধু পরিমল লিখেছে তার অভিজ্ঞতায়।
'ছাত্রী প্রতি অনুরক্ত ছিলাম' এই কথা ছাড়া বাকী সব করছি স্বীকার।
যেহেতু তার ঐ কথাটি স্বীকার করিনি;
এ সম্বন্ধে তিনিটি কবিতা আমি না লিখে থাকতে পরিনি।

বন্ধুত্বের সুবর্ণজয়ন্তী;
সন্দীপ বোস

Sri Sandip Bose

It is a well written poem on Friendship and I always read books written by you with great interest. I know this book of yours will be as good as your previous ones. Since 1974 the year in which we joined Goenka college, we came very close to each other and from then still today we are strongly bonded. I consider myself very lucky to be friends like you and Parimal who have achieved success in spite of the Himalayan problem faced by you two in life.

It was only possible for having a strong passion to do something in life and be able to serve the weaker section of the society. Today you are doing medical charity out of your pension money, writing books and I am sure you must be spending your earnings from book on charity.

My first visit to your Village was very pleasant and cheerful. and I still remember the warm hospitality you and your family extended to me. My mother used to always say people in villages are much better than people in the city; that I very much realised when I visited your place. Though you are my friend but I always considered you as my guardian. Parimal and Debasish relation with me from the beginning is known to you and hence nothing different to tell you.

বন্ধুত্বের সুবর্ণজয়ন্তী
CA প্রদীপ্ত রায়

আপনার লেখা বন্ধুত্বের সুবর্ণজয়ন্তী কবিতাটি পড়ে আমি অনেক আনন্দ পেলাম। অতীতের স্মৃতি রোমন্থন করে আমাদের বিশেষ কিছু ঘটনা তুলে যে কবিতাটি লিখেছেন সেটি সত্যি একটা অভিনব প্রয়াস। আমি আপনার এই প্রয়াসকে বিশেষভাবে সাধুবাদ জানাই কারন এটা আমাদের জীবনে একটা বিশেষ আনন্দদায়ক কবিতা হবে। আমার সবচেয়ে ভাল লেগেছে আপনি কারুর নেগেটিভ দিকগুলো তুলে ধরেন নি, বরং আপনার জীবনে আমাদের অবদান গুলি সুন্দরভাবে তুলে ধরেছেন।

অধ্যায় পাঁচ
বিবিধ (বিভিন্ন কবির লেখা)

১; চুপথাকা;
দীপ্তি গুড়িয়া

অনেকে বলে কেন আমি সব সময় চুপ করে থাকি আমি।
অন্যায়ের প্রতিবাদ কেন করিনি আমি?
জানি না, কি ভাবে এই প্রশ্নের উত্তর দেই তাদেরকে।
তাদের প্রশ্নের উত্তর দিতে গিয়ে অযথা অনেক লিখতে হল আমাকে।।

শোন তবে, কেউ যখন আমায় কিছু মন্দ বলে, চুপ করে থাকি আমি।
তারা ভাবে-কিছু বলার ক্ষমতা আমার নেই; তাই চুপ করে থাকি আমি।
কেন যে চুপ করে থাকি, কি করে বোঝাই; এর অনেক কারন আছে ভাই।
প্রথমে বলি, তর্ক ঝগড়া করার অভ্যাস আমার নাই।

মন্দ কথার উত্তর মন্দ যে হয়; তোমারা তো সকলে জান ভাই।
মন্দ বলার ভাষা বা অভ্যাস- আমার কোনটাই নাই।
তাই বাধ্য হয়ে চুপ করে থাকি; তমাদের মন্দ কথা বলবো কেন ভাই।
তোমরা যা খুশী আমায় ভাবো, তাতে আমার ক্ষতি-বৃদ্ধি কিছুই নেই।

তোমরা যখন কিছু ভুল বলো, ভাবি আমি তোমাদের ভুলগুলি তুলে ধরি।
তোমাদের ভুলের কথা বলার আগে আমার নিজের ভুল খুঁজে বেড়াই।
আমার ভুল খুঁজে পেলে প্রথমে নিজের ভুল নিজে সংশোধন করি ভাই।

ফলে তোমাদের ভুল তুলে ধরতে আমি ভুলে যাই।

তোমরা যখন মন্দ বলে আমায় ছোট কর আমি অবাক হয়ে যাই।
আমি শুধু ভাবতে থাকি, তোমরা এত অবোধ কেন ভাই।
কেন ভাব না -নারী আমি, শান্তির প্রতীক, কিভাবে আমি হই বিভ্রান্ত।
নারীকে বইতে হয় শান্তির বাণী, সান্ত্বনার বানী, নর হোক যতই অশান্ত।

আমি নারী, আমি চুপ করে থাকি, শান্তি চাই যে আমি।
আমি বয়ে নিয়ে চলি মা সারদার শান্তির বানী, মৈত্রীর বাণী।
ভুলে যাইনি আমি শ্রীরামচন্দ্র পত্নী সীতার ধৈর্য ও ক্ষমা তিতিক্ষার শিক্ষা।
সহ্য করি পুরুষের মিথ্যে অহংকার, প্রয়োজনে দিতে পারি যোগ্য শিক্ষা।

আমি চুপ করে থাকি বলে, ভেবো না, আমার কোন জ্ঞান বুদ্ধি নাই।
জেনে রেখো, তোমাদের মত আমারও জ্ঞান বুদ্ধি, বোধশক্তি আছে ভাই।
শুধু তোমাদের মত তর্জন, গর্জন করার অভ্যাস আমার নাই।
পুরুষের অহেতুক তর্জন গর্জন দেখে আমি শুধু মনে কষ্ট একটু পাই।

আমি চুপ করে থাকি বলে, ভেবো না তুমি আমার কোন শক্তি নাই।
জেনে রেখো, জেনে বুঝে চুপ করে থাকেতে গেলে অনেক শক্তি চাই।
যারা অহেতুক, তর্জন গর্জন করে গলাবাজি করে তাদের সে শক্তি নাই।
আমি চুপ করে থাকি, কারন আমি নারী মমতাময়ী, আমি শান্তি চাই।

আমি চুপ করে থাকি বলে, ভেবো না আমার নিজস্ব কিছুই নাই।
ঈশ্বর আমায় অনেক দিয়েছে – জ্ঞান, বিদ্যা বুদ্ধি যা অনেকের বুঝি নাই।
যারা অকারণে তর্জন গর্জন গলাবাজি করে, তাদের শিষ্টাচার জানা নাই।
তোমরাও আমার মত চুপথাকো, ভালো মন্দ বিচার কর; শান্তি পাবে ভাই।

ঈশ্বর কোথা আছে আমার জানা নেই,

তবে আমি সবার মধ্যে ঈশ্বরকে দেখে যাই।
তাই কেউ আমার মন্দ বললে, যদিও কষ্ট পাই।
ঈশ্বর জ্ঞানে তাদেরকে মন্দ বলার শক্তি নাহি পাই।

কটু কথা শুনলে পরে হাঁসি কাঁদি নির্জনে নীরবে।
সবকিছু সহ্য করি; ঈশ্বরকে জানাই-তোমাদের যেন সুমতি আসে;
তোমারা যেন কটু কথা পরিহার কর; সকলকে ভালবাস।
এইভেবে তোমাদের অত্যাচার সহ্য করি আর চুপ করে থাকি।

কেউ আমায় মন্দ বললে, আমি মনে মনে কাঁদি আর ভাবি;
ঈশ্বর বোধ হয় তোমাদের দিয়ে পরীক্ষা করে আমাকে;
সকল দুঃখ কষ্টের মধ্যেও আমি বিশ্বাস করি কি করি না তাঁকে।
তাই ভাল মন্দ আর কটু কথা শুনেও কিছু বলতে পারিনি তোমাদেরকে।

অনেকে বলে, চুপ থাকা মানে আরো বেশি কথা বলা হয়;
অনেকের চুপ করে থাকা অনেক সময় বিভীষিকা হয়।
আমার চুপ করে থাকা বিভীষিকা নয়; সংসারে শুধু শান্তি চাওয়া।
তাই চুপ করে ভালো থাকি আমি;
বেশি বলতে বাধ্য করো না তুমি।

২; নারী ক্ষমতায়ন;
স্মিতা (গুড়িয়া) মজুমদার

লোকে বলে নারী অবলা; জানে না তারা, নারী নয় অবলা; নারী ক্ষমাশিলা;
প্রয়োজনে নারী রুদ্রমূর্তি ধরতে পারে, দেখাতে পারে ভয়ঙ্কর রুদ্রলীলা।
সহজে নারী হয় না রুদ্র, স্বভাবে তারা যে শান্তিপ্রিয় ও স্নেহশীলা।
লোকেরা বোঝে না নারীর স্বভাব; ভুল করে লোকে বলে নারী অবলা।

অনেক মানুষ জানে না; আবার জানলেও মানতে চায় না।
নারী স্বাধীনচেতা, প্রগতিশীলা, প্রখর ব্যক্তিত্বসম্পন্না।
মানুষ ইতিহাস মনে রাখে না; ইতিহাস বলে নারী শক্তি অতি অসাধারণ।
নারী শিক্ষিতা, সাহসী, সুন্দরী, তেজস্বী ও অভিজাত রুচি সম্পন্ন।

অনেক পুরুষ সিংহ দেখে নারীর কোমলতা, সরলতা, আর সহনশীলতা
তাই করে তর্জন গর্জন আর আস্ফালন দেখাতে তাদের ঠুনকো পুরুষত্ব।
বোঝে না নারীর শিক্ষা, দীক্ষা, মমতা ও ত্যাগের কাছে তারা কিছুই নয়।
পুরুষের তর্জন গর্জন ও আস্ফালনে নারীও জানে সঠিক শিক্ষা দিতে হয়।

নারী চুপ করে থাকে বলে, অহংকারী পুরুষ বোঝে না নারীও শক্তি ধরে।
অত্যাচারী অহংকারী পুরুষ তর্জন গর্জনে নারীকে দমিয়ে রাখে।
প্রয়োজনে দুর্গার ত্রিশূল হাতে নারী লড়তে পারে উৎপীড়নের বিরুদ্ধে।
সেদিন নারী হবে না অবলা, না ক্ষমাশীলা; প্রানপাত করবে জীবন যুদ্ধে।

চুপ করে থাকে বলে, নারী নয় অবলা, নয় পুরুষের ছায়া সঙ্গিনী।
নারী স্বাধিনচেতা, স্নেহ মমতায় তারা অনন্যা; স্বভাবে মিষ্ট-নারী সুভাষিণী।

ছোটখাটো কথায় থাকে উদাসীন; তাবলে নারী থাকবে না এভাবে চিরদিন।
নির্যাতিতা নারী লড়ছে অনেক অন্যায়ের বিরুদ্ধে মা দুর্গার শক্তি নিয়ে।

প্রয়োজনে নারী অপমানের প্রতিশোধ নেবে; সহিবে না শোষণ উৎপীড়ন।
চুপ করে থাকে বলে, ভেবো না নারী অবলা; থাকবে অবলা চিরদিন;
নারীর স্নেহ মমতা সুযোগ নিয়ে পরুষসিংহ বাজায় দামামা রাতদিন।
ক্ষমাশিলা বলে পুরুষের অত্যাচার ক্ষমা করে নিজের দুঃখ কষ্ট সহ্য করে;
কিন্তু নারী মা দুর্গার মত ভয়ঙ্করী হবে, যখন তার সন্তানের ক্ষতি হবে।

নারী নির্যাতন বন্ধ করতে হলে প্রয়োজন নারীর ক্ষমতায়ন
নারীর ক্ষমতায়ন কোনো নতুন ধারণা নয়।
প্রয়োজন অনেক আগে থেকেই অনুভূত হয়েছিল।
এমনকি ভারতে স্বাধীনতার অনেক আগেই শুরু হয়েছিল।
শুধু ভারতেই নয়, সারা বিশ্বে নারীরা নৃশংসতার সম্মুখীন হয়েছে।
সভ্যতার শুরু থেকেই বুদ্ধিজীবী লিঙ্গ বৈষম্যকে চ্যালেঞ্জ করে আসছে।

নারীর ক্ষমতায়নের সংগ্রামে অনেক মহাপুরুষ সমর্থন করেছেন
তাঁরা সমাজে নারীর প্রতি অবিচারের বিরুদ্ধে অনেক কথা লিখে গেছেন।
সমাজে নারী ক্ষমতায়নের প্রয়োজন বিশেষভাবে অনুভূত হয়েছে।
সমাজে নারী ক্ষমাশিলা বলে অনেক বেশি উৎপীড়নের সম্মুখীন হয়েছে।
একবিংশ শতাব্দীতেও নারী সব অধিকার ও সম্মান হারিয়েছে।
ভারতে নারীরা অনেক বেশি অনার কিলিং এর শিকার হয়েছে।

নারী সঠিক শিক্ষা ও স্বাধীনতার মৌলিক অধিকার থেকে বঞ্চিত হয়েছে।
পুরুষশাসিত সমাজে নারী লাঞ্ছনা ও ধর্ষণ অনেক বেড়েছে।
নারী নির্যাতন বন্ধ করতে হলে নারীদের ক্ষমতায়ন বিশেষ প্রয়োজন।
নারী ক্ষমতায়নের জন্য নারীমর্যাদা ক্ষুণ্ণ হয় এমন কুপ্রথা চাই দূরীকরণ।
নারী স্বাধীনতা ও নারী শিক্ষা নারী ক্ষমতায়নের প্রধান উপকরণ।
কুপ্রথা, কুসংস্কার থাকলে আসবে না নারী স্বাধীনতা ও নারী ক্ষমতায়ন।

পরিবার, সমাজ ও দেশের ভবিষ্যৎ পেতে প্রয়োজন নারীর ক্ষমতায়ন।
নারীর ক্ষমতায়ন এলে নারীকে পেতে হবে না স্বামী নির্যাতন ও শোষণ।
একজন নারী চায় শুধু পুরুষের ভালবাসা; ভালকিছু করার তার সমর্থন।
নারীর ক্ষমতায়নের লক্ষ্য নারীকে শক্তি ও স্বাধীনতা প্রদান।
আমার বিশ্বাস, একজন স্বাধীন নারী পৃথিবীতে সবচেয়ে শক্তিশালী প্রাণী।
শুধু পরিবার নয়,সমাজের কল্যাণেও নারি নিজেকে উজাড় করে দেয়।

[বি দ্র; বিশেষ করে আমার দুই সন্তান অক্সত ও আরভের ভবিষ্যতের দুশ্চিন্তা মাথায় রেখে আমি কবিতাটি লিখেছি। এছাড়া সমাজে আমার মত অনেক হতভাগ্য মা শিক্ষিত হয়েও সন্তানের প্রতি তার কর্তব্য পালন করতে পারে না। ফলে সেই সন্তান পরবর্তী কালে সত্যিকারের মানুষ না হয়ে, সমাজে অনেক অপরাধ মূলক কাজ করে থাকে; তখন সমাজ মা-কেই দোষ দেয়। অধিকাংশ মা নিজেদের প্রানপাত করেও তারা সন্তানকে মানুষ করতে পারে না- তার অন্যতম কারন হল – পুরুষ শাসিত সমাজে অনেক মায়ের স্বাধীনতা থাকে না। সন্তানকে নিজের মত করে মানুষ করবে সে সুযোগ সুবিধাও অনেক মা পায় না। পুরুষত্ব ম্লান হয়ে যাবে এই ভয়ে সমাজে পুরুষ নারী শক্তিকে মানতে চায় না। কিন্তু পৃথিবীর মহাপুরুষগণ নারীর উপর অনেক আস্থা রেখেছেন। এখানে স্বামী বিবেকানন্দের একটি বানী না উল্লেখ করলে নয়; "পাঁচশো পুরুষের সাহায্যে ভারতবর্ষকে জয় করতে পঞ্চাশ বছর লাগতে পারে, কিন্তু পাঁচশো নারীর দ্বারা মাত্র কয়েক সপ্তাহের মধ্যেই তা করা যেতে পারে।" স্বামীজির এই বানীটি আমাকে এই কবিতা লিখতে বিশেষ ভাবে অনুপ্রাণিত করেছে।

৩; পথ চলা;

জিৎ মণ্ডল

অসীম এ পথ, এ পথের নেই কোন শেষ।
পথের মধ্যেই নূতন পথের শুরু; পথ হয়েছে অশেষ।
শুধু পড়ে থাকে ফেলে আসা পথের রেশ।
না জানা কত কিছুর ভিড়ে যা পেলাম
তা দিয়ে জাগাই নূতন পাড়ি দেওয়ার উন্মেষ।

এপথ ওপথ ঘুরে দেখি কত নূতন পৃথিবী
পথ চলা থামলেই যে আমার পৃথিবী শেষ।
তাই ঘুরিফিরি প্রতিদিনই নূতনের রসদে
সে কথা না হয় লিখব অন্য একদিন বিশদে
শুধু থামবে না পথ চলা, আসে আসুক অন্যকিছু।
নিক বা না নিক অন্য কেউ কিছু।

কারণ, আগেই বলেছি, আমার পথের নেই কোন শেষ।
পড়ে থাক যত জরাজীর্ণ স্মৃতিমাখা সব দিন।
স্মৃতিরাও বলে, দেখে যাও;
আমরাও যে হইনি এখনও আদিম বা প্রাচীন।

স্মৃতিরাও ঠাট্টা করে;
তবে তাতে আমার কিছু যায়, না আসে।
এগিয়ে যাই, শুধু তাকাই আসেপাশে।
থামবো না, থামতে যে আমি শিখিনি।
এগিয়ে চলাই তো আমার জীবনে একমাত্র রসদ।
এ পথ নিয়েই যে আমার জীবনের সব লেখনি।

জীবনে পথ চলা শিখেছি প্রথম মা-বাবার হাত ধরে।
এরপর চলেছি অনেক পথ তাদের সাথে।
কিশোর থেকে যৌবনে এসে আমি চলেছি একা অনেকখানি পথ।
পেয়েছি কত পথের পথিক, কুড়িয়েছি কত অভিজ্ঞতার ফুল আর ফল।
তার হিসেব রাখি নি ভালকরে; তবে রয়ে গেছে অনেক বিচিত্র স্মৃতি পথের।
তাকে ভুলব কেমন করে; আমিও চাইনি তাদেরকে একেবারে ভুলেযেতে।

জীবনে এখনএসেছে জীবন-সাথী; আমি পথ চলব তার সাথে।
চলার পথে হয়তো খাবো অনেক হোঁচট, পাবো অনেক বাধা।
বিশ্বাস আমার, জীবন সাথী চলবে একসাথে।
জীবনের সকল পথ মনে সাহস নিয়ে।

জানি না আমরা যাবো কত দূর, কোথায় হবে আমাদের পথের শেষ।
তবুও আমরা চলব দুজনে সব ভয়-ভীতি বাধা বিপত্তি অতিক্রম করে।
চলব আমি, চলবে সাথী, জীবন পথে চলব আমরা সকলে।
প্রকৃতির নিয়মে জীবনের গতিতে সকলকে পথ চলতেই হবে।
তাই পথের নেই কোন শেষ; জীবনে পথ যে অশেষ।

4. Women in the Society
Paromita (Guria) Mandal

Everybody speaks a lot in speeches about women.
Their love, care, kindness, service and sacrifice for men.
Still women's sufferings, sorrows do deepen and widen.
Women's love for all – a silent and soundless expression
Only heart and soul can understand;
How heartless and merciless men can comprehend.
It's what I observed and apprehend.

Swami Vivekananda say;
"No man shall dictate to a woman nor women to a man...
Women will work out their destiny better than
Men can ever do for them."
His teachings are needed to lessen women sufferings.
Today men dictate to wives being used as their puppets.

The sufferings I portray being those of many women in society.
The oppression I write being the oppression of many tyrant men.
Men criticize women because they are female.
Husbands want their wives do everything perfect-
Whether food, drinks or pleasure in every aspect; but no respect
Wives don't have right to err, everything must be pure and perfect.
Husbands can do anything whatever bad – Wives cannot say.

Men can mess or miss anything, women cannot protest;
If women miss or mess anything; they are useless.

Wives shall spend money what Husbands direct.
Men can give away anything as they intend.
Men can go anywhere and anytime as they wish.
If any question is raised, wives get bashed.
Sometimes husbands grab wives' hair with their dirty hands
Drag wives to secret place and start hitting, shunting and biting.
Wives' tears flowing on their cheeks that keep on rising..

Women's to loyalty to men; men's right to exploit and rape women;
Known to all; only few oppose women oppression;
Women's distress and miseries keep on rising everywhere.
If women go to police, the police say, it is common, what's special.
The police refuse to take diary because Husbands did all settings.
The shocking news being reported in newspapers and televisions,
But no major protests, no reactions in people's minds.
women distress and miseries keep on rising.

Protection of Women from Domestic Violence Act, 2005 provides
Legal protection from physical and Emotional abuse to women;
But domestic violence is the rise; No remedy No solution.
Girls' parents pay dowry money in lacs to bridegrooms, but in vain.
They demand more, if parents fail, women suffer more.
Women fall prey to violence and even dowry deaths.
No punishment for domestic violence, murderers or rapists.

Article 14 of the Indian Constitution guarantees right to equality,
To all citizens for genders; but still rise in gender discrimination,
Sexual harassment, rape, dowry deaths & violence against women.

Hindu Marriage Act gives women right to get divorce for violence;
Harassed women struggle tooth and nail for years to get divorce.
The children also suffer with mothers suffering from violence.
Nobody cares for women's suffering from violence.

But people don't see women life-struggle and see their tears.
Don't hear women's distress call and cries;
Society don't bother giving the struggling a hand,
Social justice system for women appears to have collapsed;
As if women are born to fight for their existence;
Though cannot exist for a moment without their presence.
It appears, no room for help for women suffering from violence.

No denying, Women are also responsible for their sufferings.
At times women also show resistance to ethics, social norms.
Many young women really lack self-esteem and self-restraints.
That result in their sufferings, sorrows and distress in life.
Many are the causes for loss of self-esteem for women;
Such as Parents or teachers having lack moral values,
Poor performance in school and college education and abuse.

Women lose self-esteem for many reasons to introspect;
Feeling unworthy, Negative outlook, Over-confidence,
Slowing down, harsh judgments, Negative past experience
Fear of failure, lack of good studies; People pleasing,
Poor boundaries, inflated outlook and wrong association...
These all are psychologists' prescription.
To find their own flaws women need introspection.
Introspection needed to maintain self-esteem.

5. Juvenescence and the Reality

Akshat Majumdar

In Juvenescence, we used to stray,
Through the Meadows, our abode.
With hearts Unshackled, spirits unbounded
We Fantasized adventures, what could be.

Pureness and awe filled our eyes,
As endless summers kissed the open skies
We climbed the trees, scraped our knees in play,
Intellectual growth in joyful way.

Life full of adventures dares anew and novel.
Far better than to be gloomy and depressed,
No matter how big or small, it starts in the mind.
Just go around, look sound and be kind

In Juvenile phase, each day was a new story
Filled with Giggles and Inquisitiveness
As we grew, those boyish days did fade,
But the Nostalgia, will ever fade away.

Not to stand in Juvenescence for long;
Fantasies and fictions to be used for healing up;
In Juvenescence we may fly high for some time;
But not to stray; we have to reality after some time.

বিদায় ও বাসনা

এসেছে আমার বিদায়ের ক্ষণ।
যেতে হবে তোমাদের ছেড়ে এখন।
না আমার মৃত্যু নয়; এ জন্মের কর্ম সমাপন।
হবে আমার নূতন এক জনমে গমন।
এটাই দুঃখ তোমাদের ছেড়ে যেতে হবে এখন।

শেষ হবে শুধু এ জন্মের শ্রান্তি, ক্লান্তি;
এ জন্মের কামনা বাসনা হতে মুক্তি।
এ জন্মে ফুটেছিল বাসনার যে ফুলগুলি;
কামনার কাননে ঝরে যাবে অনেকগুলি।
এ জন্মে ঝরবে না তীব্র বাসনা, যাবে পরজন্মে সেগুলি।

এ তো মৃত্যু নয়; এ শুধু এক জন্ম থেকে অন্য জন্মে যাওয়া।
লক্ষ্য লক্ষ্য বার চলবে আমাদের এই আসা যাওয়া।
এ আমার কথা নয়; এ কথা বলেছেন শ্রীকৃষ্ণ শ্রীমদ্ভাগবত গীতায়।
আমার বিদায়ে তোমরা ব্যাথা পেও না; বিদায়ের কান্না কেঁদো না।
শুধু ঈশ্বরের কাছে প্রার্থনা কর; পরজন্মে পুরায় যেন বাকী বাসনা।

আমি চাই তোমরা আমায় দেবে প্রসন্ন বিদায়;
কেঁদে কেঁদে কেউ বলবে না হায় হায়।
বহু জনম ধরে আমায় করতে হবে সত্যের সন্ধান।
অন্তরে জাজ্বল্য থাকবে বেদান্ত বিদ্যা রতন; সূর্যের মতন।
হাসিমুখে দাও বিদায় করো না বৃথা ক্রন্দন।

পরজন্মের বিদ্যা দিয়েছেন শ্রীকৃষ্ণ, শ্রীরামকৃষ্ণ ও বিবেকাননদ।
তাইত বিদায় ক্ষণে মনে নেই কোন বিষাদ; কেবলই আনন্দ।
এই বিদায়ে আমার যদি না থাকে কোন দুঃখ, খেদ ও বিষাদ।
তবে কেন আমার বিদায়ে তোমরা পাবে মনে কষ্ট ও ব্যাথা।
যদি পার কর আমার অসমাপ্ত কাজ; এটাই আমার বিদায়ের কথা।

কিসের তরে ঝরাবে তোমার অশ্রুবারি; কেন ফেলবে দীর্ঘশ্বাস।
হাসিমুখে দিও বিদায়, এ সবই তো মায়া আর অদৃষ্টের পরিহাস।
ঈশ্বরের বিধান সকলের জন্য সমান; নাই প্রতারণা নেই বিভাজন।
জানি না, পরজন্মে আমার জন্য কি আছে ঈশ্বরের বিধান।
তবে পরজন্মে চাই গো হতে সাধক সন্ন্যাসী; যদি পাই মানব জীবন।

তোমরা তো জান, মানবসেবা আমার জীবনের তীব্র বাসনা।
শুরু করেছি একটি দাতব্য চিকিৎসালয় পুরন করিতে সেই বাসনা।
পাচ্ছি বাধা বিপত্তি চালতে ঐ দাতব্য চিকিৎসালয়;
তবে পার যদি চালিয়ে যেও আমাদের বহু প্রতীক্ষিত দাতব্য চিকিৎসালয়।

মানুষের নূতন পরিচয়

সকলেই জানি সাতটি মহাদেশ রয়েছে পৃথিবীতে।
রয়েছে সমুদ্র, মহাসাগর, অরণ্য অনেক এই জগতে।
এই পৃথিবীতে বহু সহস্র জানা-অজানা জীবের বাস।
যার সঠিক হিসাব রাখে না আমাদের পড়ার ইতিহাস।
পৃথিবীতে কত সংখ্যক ও কত রকম প্রাণী রয়েছে।
সামান্যটুকুও হয়ত আমরা জেনেছি, বেশিটুকু অজানা আছে।

যতটুকু জানতে পেরেছি, তাদের মধ্যে বিভিন্ন ধরনের প্রানি হয়।
কেউ তৃণভোজী, কেউ মাংসাশী, কেউ মারাত্মক হিংস্র হয়।
হিংস্র প্রাণী বললেই আমাদের বাঘ-সিংহের কথা মনে হয়;
কিন্তু BBC রিপোর্টে মানুষ ও মশাকে হিংস্রতম প্রাণী বলা হয়।
একথা শুনলে প্রথমে অবাক হয়ে যাই।
BBC বিশ্লেষণ দেখলে, তাদের রিপোর্ট স্বীকার করতে বাধ্য হই।

BBC রিপোর্ট অনুযায়ী মানুষ ভীষণ ভয়ঙ্কর প্রাণী হয়।
মানুষের চেয়ে বেশি হিংস্র এই রিপোর্টে মশাকেই বলা হয়।
হিংস্রতায় বাঘ সিংহ ভালুক ও সাপ অনেক পিছে পড়ে রয়।
মশা বিশ্বের সবচেয়ে মারাত্মক প্রাণী- প্রথম স্থান ভয়াবহতায়।
মশা র দ্বারা প্রতি বছর 725,000 মানুষের মৃত্যু হয়।

মানুষ মানুষকে হত্যা করে মানুষ পেয়েছে নূতন পরিচয়।
মানুষ বিপজ্জনক প্রাণী হিসাবে পৃথিবীতে মানুষ দ্বিতীয় স্থান পায়।
প্রতি বছর 400,000 মানুষকে হত্যা করে নিজেকে সভ্য বলে করে বড়াই।
আমরা সভ্য না ছাই; আমরা বাঘ, সিংহ, হাতির থেকে অনেক হিংস্র ভাই।
মানুষ পৃথিবীর সবথেকে শক্তিশালী হিংস্র প্রাণী- BBC রিপোর্টে পাই।

জিম করবেট বলেন; মানুষকে জানোয়ার বললে জানোয়ার লজ্জা পায়।
এখন বুঝলাম জিম করবেটের এই ভয়ঙ্কর মন্তব্যের যুক্তি কোথায়।
বর্তমান সভ্য সমাজে মানুষের হত্যালীলার কোন হিসাব নিকাশ নাই।
নিরীহ মানুষ যখন তখন পথে ঘাটে খুন হচ্ছে ভাই;
প্রতিবাদ করলে মরতে হবে কোন নিস্তার নাই।
প্রানীরাজ্যে মানুষ ছাড়া অন্য কোনো প্রানী নাই
যারা অকারণে পরিকল্পনা করে পরিজনকে হত্যা করে ভাই।

এবার আসি BBC রিপোর্ট পৃথিবীর অন্য হিংস্র প্রাণীর কথায়।
সাপ প্রতি বছর 138,000 মানুষকে মেরে তৃতীয় হিংস্র প্রাণী হয়।
কুকুর প্রতি বছর 59,000 মানুষকে মেরে হিংস্রতায় চতুর্থ স্থান পায়।
অ্যাসাসিন বাগ বছরে 10,000 মানুষকে মেরে হিংস্রতায় পঞ্চম স্থান।
বিছা প্রতিবছর 3,300 মানুষকে মেরে হিংস্রতায় ষষ্ঠ স্থান পায়।

কুমির বিখ্যাত হিংস্র প্রাণী; বছরে 1,000 মানুষের মৃত্যুর কারণ হয়
হাতি প্রতি বছর 600 মানুষকে হত্যা করে হিংস্রতায় অষ্টম স্থানে আসে।
তৃণভোজী হওয়ার কারণে জলহস্তী হিংস্রতার তালিকায়
বছরে 500 মানুষকে হত্যা করে নবম স্থান পায়।
আমাদের অনুমান সিংহ জঙ্গলের রাজা হিংস্রতায় প্রথম স্থান পাবে।
বিশ্বের সবচেয়ে বিপজ্জনক প্রাণীর তালিকায় সিংহ একেবারে নিচে
প্রতি বছর 200 মানুষকে হত্যা করে দশম স্থান পায়।

আসি বাঘের হিংস্রতায় বিপজ্জনক প্রাণীর তালিকায় দশের মধ্যে নাই।
আমাদের সব অনুমান ভুল হয়েছে ভাই।
১৫০ বছর আগে জিম করবেট লিখেন; ''বাঘ উদারহৃদয় ভদ্রলোক।
সীমাহীন তার সাহস; যেদিন বাঘকে বিলোপ করা হবে;
যদি বাঘের সপক্ষে জনমত গড়ে না উঠে বাঘ লোপ পাবে;
ভারতের শ্রেষ্ঠতম প্রাণীর বিলোপে ভারত দরিদ্রতর হবে।"

BBC রিপোর্টে মানুষের নূতন পরিচয় –বাঘের থেকে বেশি হিংস্র হয়।
বিনা কারণে অথবা স্বার্থ সিদ্ধি করতে মানুষ মানুষকে হত্যা করে যায়।
মানুষ এমন প্রাণী প্রেমে ব্যর্থ হলে প্রেমের মানুষকে পুড়িয়ে মারে।
মানুষ পৃথিবীর সবচেয়ে ভয়ংকর প্রাণী বলে BBC রিপোর্টে বলা হয়।
জগতের সকল ধ্বংসের কারন একরকম মানুষ –এটা মিথ্যা নয়।

জগতে মানুষ হল সে যার মানবীয় গুণাবলী আছে।
যার হুঁশ আছে, বিবেক আছে, জ্ঞান বুদ্ধি আছে,
ভালো-মন্দ বুঝা ও মেনে চলার ক্ষমতাও আছে।
সকলে বলে; "মনুষত্বের গুণাবলী পশুর মধ্যে থাকে না;
তাই পশু কখনো মানুষের সমান হয় না।
এসব হল তত্ত্ব কথা; অনেক মানুষ সেই যুক্তি মানে কোথায়;
এখন প্রায় দেখা যায় মানুষ যখন তখন "মনুষত্ব" হারায়।

আজকের দিনে মানুষ অনেক বোকা কাজ করে।
যদিও মানুষ নিজেকে ভীষণ চালাক মনে করে।
অনেক মানুষ পশুর থেকে অনেক বেশি অন্যায় কাজ করে।
প্রতি মুহূর্তে অনেক মানুষ "মনুষত্ব" সীমাকে লঙঘন করে।

www.ingramcontent.com/pod-product-compliance
Lightning Source LLC
LaVergne TN
LVHW061547070526
838199LV00077B/6942
* 9 7 8 9 3 5 8 1 9 8 9 5 9 *